SITZMANN / Impfungen
State of the Art und aktuelle Empfehlungen

Impfungen

State of the Art und aktuelle Empfehlungen

Herausgegeben von F. C. Sitzmann,
Homburg/Saar

Hans Marseille Verlag GmbH München

Prof. Dr. F. C. Sitzmann
Klinik für Kinder- und Jugendmedizin
der Universität des Saarlandes
66421 Homburg/Saar

Einzeln nicht erhältlich

Inhaber: Hans Marseille, Verleger, München
Herstellungsbüro Wien: Karl Binder, Ingrid Dietrichstein, Wolfgang Habesohn, Helmut Krumpel, Johannes Krumpel, Michael Miedler, Heinrich Spilka, Hermine Spilka, Heinrich Traindl, Iris Trenkler, Alice Walter, Harald Wölfig
Druck und Bindung: Laub GmbH + Co., 74834 Elztal-Dallau

Inhaltsverzeichnis

Vorwort

F. C. SITZMANN, Homburg/Saar

Die in dieser Broschüre wiedergegebenen neuesten Impfempfehlungen der Ständigen Impfkommission (STIKO) am Robert Koch-Institut wurden auf der 37. Sitzung am 25. März 1998 einstimmig verabschiedet.

Hervorzuheben ist, daß an Stelle der oralen Poliovakzine wegen des – wenn auch äußerst geringen – Risikos einer vakzineassoziierten paralytischen Poliomyelitis der inaktivierte Impfstoff empfohlen wird. Auch bei den Indikations- und Auffrischimpfungen gibt es einige Änderungen, die im Kapitel »Impfempfehlungen der Ständigen Impfkommission« in Tab. 1 (Seiten 12–19) dargestellt sind. Desweiteren finden sich Empfehlungen zur Aufklärung vor Schutzimpfungen (Seite 59). Die rechtlichen Rahmenbedingungen sowie Anmerkungen zu Rechtsprechungen werden dem Leser besonders empfohlen. Sie sind für die tägliche Praxis des impfenden Arztes von größter Bedeutung.

Vor einigen Monaten wurde in der Presse über unerwünschte Reaktionen nach der Verabreichung der rekombinanten Hepatitis-B-Vakzine berichtet, vor allem zentralnervöse und ophthalmologische Erkrankungen. Bei 73 Patienten waren neurologische Störungen im zeitlichen Zusammenhang zur Hepatitis-B-Impfung aufgetreten (multiple Sklerose, Enzephalitis, Myelitis, Meningitis, Krampfanfälle, GUILLAIN-BARRÉ-Syndrom, Neuritiden, vor allem Fazialisparesen), in 12 Berichten äußerte man den Verdacht auf ophthalmologische Reaktionen (Optikusneuritis, retrobuläre Neuritis).

Diese Mitteilungen haben viele Ärzte sehr verunsichert, wobei man feststellen muß, daß ein zeitlicher Zusammenhang nicht identisch mit einem kausalen Zusammenhang zu sehen ist.

DITTMANN aus Kopenhagen hat der Ständigen Impfkommission eine zusammenfassende Stellungnahme zu diesem Problem vorgelegt, die wegen ihrer praktischen Bedeutung – mit freundlicher Zustimmung des Autors – in diese Broschüre aufgenommen wurde. Anhand der von ihm zitierten Literatur kann sich der interessierte Leser über weitere Einzelheiten zu diesem Thema informieren.

Zahl impfpräventabler Krankheiten aus der »Vor-Impf-Ära«

H.-J. SCHMITT, Kiel

Aufgabe war es, Angaben zur Häufigkeit von Diphtherie und Tetanus aus der Zeit vor Einführung der Impfungen zu machen (Tab. 1). Die Zahlen sind grundsätzlich mit Vorsicht zu betrachten, weil eine Erhebung nach heutigen wissenschaftlichen Standards aus den folgenden Gründen nicht erfolgte:

1. Es gab keine allgemeinverbindliche Definition.

2. Es bleibt unklar, inwieweit eine Erkrankung durch mikrobiologische Methoden gesichert wurde.

3. »Leichte Verläufe« wurden ggf. nicht erkannt oder nicht gemeldet.

4. Die Umstände der Zeit (Unruhen, Krieg) sowie die eingeschränkten Möglichkeiten der Kommunikation können die flächendeckende Erfassung von Erkrankungen unmöglich gemacht haben.

Die genannten Faktoren und andere dürften zu einem »underreporting« geführt haben; die Zahl tatsächlich Erkrankter lag wahrscheinlich deutlich höher. Zu den Letalitätszahlen ist anzumerken, daß durch den Einsatz der Intensivmedizin heute wahrscheinlich ein signifikanter Teil der vor mehr als 50 Jahren Verstorbenen überleben würde. Allerdings wären bei 200 000 neuen Diphtheriekranken und einer vermutlich drei- bis vierstelligen Zahl von Tetanuskranken pro Jahr die derzeitigen Krankenkassenbeiträge für die Morbiditätskosten nicht ausreichend.

Wichtiger als die konkrete Zahl der Erkrankungen ist deren Größenordnung bzw. das, was die Zahlen konkret für die Gesellschaft bedeuten: Bei mehr als 200 000 Diphtherieerkrankungen pro Jahr ist bei Fieber und »Halsschmerzen«, »Schluckbeschwerden«, »Stridor«, »Luftnot«, aber auch bei »Wundinfektion«, differentialdiagnostisch zuerst einmal – bis zum Beweis des Gegenteils – von einer »Diphtherie« auszugehen.

Stellen Sie sich vor, wie Sie Medizin praktizierten, wenn jeder Patient mit einer der genannten Symptome »diphtherieverdächtig« wäre, und wenn eine beachtliche

Krankheit	Jahr	Morbidität	Letalität (%)	Literatur
Diphtherie*	1925	36769	5,0	1
	1929	50536	7,0	1
	1938	148676	3,7	1
	1941	204052	4,6	1
	1996	3	?	2
Tetanus**	1905–1928	?	?	3
	1962	123	?	3
	1996	17	?	2

Tab. 1
Häufigkeit von Diphtherie und Tetanus (gemeldete Erkrankungen)

* Das Deutsche Reich hatte 1925 etwa 60 Millionen und 1940 etwa 80 Millionen Einwohner

** Erst seit 1. 1. 1962 als meldepflichtige Krankheit aufgeführt; neben Tetanus sind auch pyogene Wundinfektionen sowie Wunddiphtherie berücksichtigt: es wurden jährlich insgesamt 4265–6991 Erkrankungen gemeldet

Tab. 2
Vakzinepräventable Krankheiten vs. Impfnebenwirkungen (4) in den USA

VAERS = **V**akzine-assoziierte **A**dvers-**E**vent-**R**eporting-**S**ystem

Krankheit	Maximal	Jahr	Anzahl 1995
Konnatale Röteln	20000	1964	7
Diphtherie	206000	1921	0
Masern	894134	1941	309
Invasive Hib	20000	1984	1164
Pertussis	265269	1934	4315
Tetanus	601	1948	34
Polio	21269	1952	0
VAERS	0		10594

Zahl der Patienten diese Krankheit tatsächlich hätte. Wahrscheinlich gäbe es in jeder Kinderarzt-, Innere Medizin-, Chirurgie-, HNO- oder Allgemeinmedizinpraxis einen abgesonderten Raum für Diphtheriekranke und solche, die verdächtig sind. Ohne Mundschutz würden weder Sie noch Ihr Personal diesen Raum betreten, und wahrscheinlich wären Sie – so verfügbar – mehr oder weniger kontinuierlich Konsument von Erythromycin, sofern es dann noch keine Resistenzen gäbe.

Tetanus hingegen ist mit oder ohne Impfung immer nur ein Problem des Individualschutzes. Ungeimpfte gefährden außer sich selbst niemanden, wenn auch die Kosten für die (intensiv-)medizinische Betreuung hoch wären.

In den USA wurde die maximal erfaßte Zahl der Erkrankungen in der Geschichte des Landes (d. h. aus der Vor-Impfära) der Summe der gemeldeten »unerwünschten Ereignisse« bei Impfungen gegenübergestellt (Tab. 2). Dabei ist zu beachten, daß ein »unerwünschtes Ereignis« keinesfalls notwendigerweise »ursächlich« mit der Impfung zusammenhängt. Vielmehr steht das jeweils gemeldete Ereignis lediglich in zeitlichem Zusammenhang mit der Impfung.

Aus Tab. 2 ergibt sich daher vielleicht viel besser als aus allen deutschen Zahlenaufstellungen eine Nutzen-Risiko-Abwägung für Impfungen.

Literatur

1. KLEINSCHMIDT, H. (Hrsg.): Die akuten Infektionskrankheiten. Lehrbuch der Kinderheilkunde, S. 525–531. Fischer, Jena 1944.

2. Robert Koch-Institut: Epidemiologisches Bulletin 27/1997.

3. Statistisches Bundesamt Wiesbaden 1996.

4. CDC: Update: Vaccine side effects, adverse reactions, contraindications and precantious: Morb. Mort. Weekly Rep. **45,** RR-12 (1996).

Impfempfehlungen der Ständigen Impfkommission (STIKO)

(Vorsitz: Prof. Dr. M. Koch)

Stand: März 1998

laut Mitteilungen der STIKO – Epidemiologisches Bulletin Heft 15 (1998)
Robert Koch-Institut, Berlin

Impfempfehlungen

Vorbemerkungen

Impfungen gehören zu den wirksamsten präventiven Maßnahmen der Medizin. Moderne Impfstoffe sind gut verträglich; bleibende unerwünschte gravierende Arzneimittelwirkungen werden nur ganz selten beobachtet. Ziel der Impfung ist es, den Geimpften vor einer ansteckenden Krankheit zu schützen. Bei Erreichen hoher Durchimpfungsraten ist es möglich, einzelne Krankheitserreger regional zu eliminieren und schließlich weltweit auszurotten. Die Eliminierung der Masern und der Poliomyelitis sind erklärte und erreichbare Ziele nationaler und internationaler Gesundheitspolitik.

In der Bundesrepublik Deutschland besteht keine Impfpflicht. Impfungen von besonderer Bedeutung für die Gesundheit der Bevölkerung können nach § 14 Abs. 3 des Bundes-Seuchengesetzes »öffentlich empfohlen« werden. Diese Empfehlungen werden von den obersten Gesundheitsbehörden der Länder ausgesprochen. Versorgung bei Impfschäden durch »öffentlich empfohlene« Impfungen leisten die Bundesländer.

Für einen ausreichenden Impfschutz der von ihm betreuten Personen zu sorgen, ist eine wichtige Aufgabe des Arztes. Dies bedeutet, die Grundimmunisierung bei Säuglingen und Kleinkindern frühzeitig zu beginnen, ohne unnötige Verzögerungen durchzuführen und zeitgerecht abzuschließen. Nach der Grundimmunisierung ist bis zum Lebensende durch regelmäßige Auffrischimpfungen sicherzustellen, daß der notwendige Impfschutz erhalten bleibt und – wenn indiziert – ein Impfschutz gegen weitere Infektionskrankheiten aufgebaut wird.

Arztbesuche von Kindern, Jugendlichen und Erwachsenen sollten auch dazu genutzt werden, die Impfdokumentation zu überprüfen und gegebenenfalls den Impfschutz zu vervollständigen.

Nach einer Aufstellung der Bundesärztekammer umfaßt die Impfleistung des Arztes neben der Impfung:

1. Informationen über den Nutzen der Impfung und über die zu verhütende Krankheit.
2. Hinweise auf mögliche Nebenwirkungen und Komplikationen.
3. Erhebung der Anamnese und der Impfanamnese, einschließlich der Befragung über das Vorliegen von Allergien.
4. Feststellen der aktuellen Befindlichkeit zum Ausschluß akuter Erkrankungen.
5. Empfehlungen über Verhaltensmaßnahmen im Anschluß an die Impfung.
6. Aufklären über Beginn und Dauer der Schutzwirkung.
7. Hinweise zu Auffrischimpfungen.
8. Dokumentation der Impfung im Impfausweis bzw. Ausstellen einer Impfbescheinigung.

Aufklärungspflicht vor Schutzimpfungen

Vor Durchführung einer Schutzimpfung hat der Arzt die Pflicht, den Impfling oder seine Eltern bzw. Sorgeberechtigten über die zu verhütende Krankheit und die Impfung aufzuklären, damit sie über die Teilnahme an der Impfung entscheiden können.

Die Aufklärung sollte umfassen:

Information über die zu verhütende Krankheit, Behandlungsmöglichkeit der Krankheit, Nutzen der Schutzimpfung für das Individuum und die Allgemeinheit, Art des Impfstoffs, Durchführung der Impfung, Dauer des Impfschutzes, Verhalten nach der Impfung, Kontraindikationen, mögliche Nebenwirkungen und Impfkomplikationen, Notwendigkeit von Auffrischimpfungen.

Für öffentliche Impftermine wird eine vorherige Aufklärung in schriftlicher Form empfohlen. Eine Gelegenheit zu weitergehenden Informationen durch ein Gespräch mit dem Arzt muß aber gegeben sein.

Die Deutsche Vereinigung zur Bekämpfung der Viruskrankheiten e.V. und das Robert Koch-Institut haben Aufklärungsmerkblätter für die Impfungen im Kindesalter erarbeitet, die vom Deutschen Grünen Kreuz, Schuhmarkt 4, 35037 Marburg, herausgegeben werden. Ähnliche Merkblätter sind beim *perimed Compliance Verlag, Dr. Straube GmbH,* Weinstraße 70, 91085 Erlangen, erhältlich.

Die Merkblätter enthalten auch einen der jeweiligen Impfung adäquaten Fragebogen zum Gesundheitszustand des Impflings und zu vorausgegangenen Schutzimpfungen. Ergeben sich bei der Beantwortung Unklarheiten, ist in jedem Fall ein Gespräch mit dem Impfling oder den Eltern bzw. Sorgeberechtigten erforderlich.

Die Merkblätter enthalten eine Einwilligungserklärung. Bei Minderjährigen ist regelmäßig die Einwilligung der Eltern bzw. Sorgeberechtigten einzuholen. Jugendliche können selbst einwilligen, wenn sie die erforderliche Einsichts- und Entscheidungsfähigkeit besitzen; das ist in der Regel mit 16 Jahren der Fall.

Bei Einzelimpfungen ist die mündliche Form der Aufklärung ausreichend und die Methode der Wahl. Die durchgeführte Aufklärung ist durch den impfenden Arzt in den Patientenunterlagen zu dokumentieren. Wird der mündlichen Aufklärung ein Aufklärungsmerkblatt zugrunde gelegt, sollte der impfende Arzt in seiner Dokumentation darauf verweisen.

Impfabstände

Die Impfabstände laut Abb. 1 und Tab. 1 sollten nicht unterschritten werden (Beipackzettel beachten). Für einen langdauernden Impfschutz ist von besonderer Bedeutung, daß bei der Grundimmunisierung der erforderliche Mindestzeitraum zwischen vorletzter und letzter Impfung

<table>
<tr><th rowspan="2">Impfstoff/
Antigenkombinationen</th><th colspan="6">Lebensmonat</th><th colspan="2">Lebensjahr</th></tr>
<tr><th>Geburt</th><th>2</th><th>3</th><th>4</th><th>5</th><th>12–15</th><th>5–6</th><th>11–18</th></tr>
<tr><td>DTPaP *</td><td></td><td></td><td>1.</td><td>2.</td><td>3.</td><td>4.</td><td></td><td></td></tr>
<tr><td>Hib</td><td></td><td></td><td>1.</td><td></td><td>2.</td><td>3.</td><td></td><td></td></tr>
<tr><td>IPV **</td><td></td><td></td><td>1.</td><td></td><td>2.</td><td>3.</td><td></td><td>A</td></tr>
<tr><td>HB</td><td colspan="3">1.</td><td></td><td>2.</td><td>3.</td><td></td><td>G</td></tr>
<tr><td>MMR ***</td><td></td><td></td><td></td><td></td><td></td><td>1.</td><td>2.</td><td>G</td></tr>
<tr><td>DT/Td ****</td><td></td><td></td><td></td><td></td><td></td><td></td><td>A</td><td>A</td></tr>
</table>

Um die Zahl der Injektionen möglichst gering zu halten, sollten vorzugsweise Kombinationsimpfstoffe verwendet werden. Impfstoffe mit unterschiedlichen Antigenkombinationen von D/d, T, aP, HB, Hib, IPV sind bereits verfügbar oder in Vorbereitung.

Bei Verwendung von Kombinationsimpfstoffen sind die Angaben des Herstellers zu den Impfabständen zu beachten. In der Regel werden alle Antigenkombinationen, die eine Pertussiskomponente enthalten, nach dem für DTaP angegebenem Schema benutzt.

A Auffrischimpfung: Erfolgte die letzte Impfung mit entsprechenden Antigenen vor weniger als 12 Monaten, kann der Termin entfallen.
G Grundimmunisierung: Alle Kinder und Jugendliche, die bisher nicht geimpft wurden bzw. Komplettierung eines unvollständigen Impfschutzes.
* Abstände zwischen 1. und 2. sowie 2. und 3. Impfung mindestens 4 Wochen; Abstand zwischen 3. und 4. Impfung mindestens 6 Monate.
** Bei Verwendung von *IPV-Virelon* nur zweimalige Impfung (siehe Beipackzettel).
*** Die 2. MMR-Impfung kann bereits 4 Wochen nach der 1. MMR-Impfung erfolgen.
**** Ab Beginn des 6. Lebensjahres wird zur Auffrischimpfung ein Impfstoff mit reduziertem Diphtherietoxoidgehalt (d) verwendet.

Abb. 1
Impfkalender für Säuglinge, Kinder und Jugendliche. Empfohlenes Impfalter und Mindestabstände zwischen den Impfungen

nicht unterschritten wird. Impfreaktionen vorausgegangener Impfungen sollten vor erneuter Impfung vollständig abgeklungen sein.

Es gibt keine unzulässig großen Abstände zwischen Impfungen. Jede Impfung gilt. Auch eine für viele Jahre unterbrochene Grundimmunisierung muß nicht neu begonnen werden!

Für Abstände zwischen unterschiedlichen Impfungen gilt:

1. Lebendimpfstoffe (attenuierte, vermehrungsfähige Viren oder Bakterien) können simultan verabreicht werden; werden sie nicht simultan verabreicht, ist in der Regel ein Mindestabstand von 4 Wochen einzuhalten.

2. Bei Schutzimpfungen mit Totimpfstoffen (inaktivierte Krankheitserreger, deren Antigenbestandteile, Toxoide) ist die Einhaltung von Mindestabständen zu anderen Impfungen, auch zu solchen mit Lebendimpfstoffen, nicht erforderlich.

Tab. 1

Impfung gegen	Kate-gorie	Indikation bzw. Reiseziel	Anwendungshinweise (Beipackzettel beachten)
Cholera	**R**	Auf Verlangen des Ziel- oder Transitlandes; nur noch im Ausnahmefall; eine WHO-Empfehlung besteht nicht.	Nach Angaben des Herstellers.
Diphtherie	**A**	Alle Personen ohne ausreichenden Impfschutz. **1.** Bei fehlender oder unvollständiger Grundimmunisierung. **2.** Wenn die letzte Impfung der Grundimmunisierung oder die letzte Auffrischimpfung länger als 10 Jahre zurückliegt.	Die Impfung gegen Diphtherie sollte in der Regel in Kombination mit der gegen Tetanus verabreicht werden. Nichtgeimpfte oder Personen mit fehlendem Impfnachweis sollten 2 Impfungen im Abstand von 4–8 Wochen und eine 3. Impfung 6–12 Monate nach der 2. Impfung erhalten; die Reise sollte frühestens nach der 2. Impfung angetreten werden.
	I	Bei Diphtherierisiko (Gefahr der Einschleppung, Reisen in Infektionsgebiete) Überprüfung der Impfdokumentation; bei fehlendem Impfschutz ist die Impfung besonders angezeigt für: **1.** Medizinisches Personal, das engen Kontakt zu Erkrankten haben kann. **2.** Personal in Laboratorien mit Diphtherierisiko. **3.** Personal in Einrichtungen mit umfangreichem Publikumsverkehr. **4.** Aussiedler, Flüchtlinge und Asylbewerber aus Gebieten mit Diphtherierisiko, die in Gemeinschaftsunterkünften leben sowie das Personal dieser Einrichtungen (siehe Impfempfehlungen).	Eine begonnene Grundimmunisierung wird vervollständigt, Auffrischimpfung in 10jährigen Intervallen. Bei bestehender Diphtherieimpfindikation und ausreichendem Tetanusimpfschutz sollte monovalent gegen Diphtherie geimpft werden.

		5. Bedienstete des Bundesgrenzschutzes und der Zollverwaltung.	
		6. Reisende in Regionen mit Diphtherierisiko.	
	A	Bei Epidemien oder regional erhöhter Morbidität.	Entsprechend den Empfehlungen der Gesundheitsbehörden.
FSME (Frühsommer-meningo-enzephalitis)	**I**	Personen, die sich in FSME-Risikogebieten aufhalten oder Personen, die durch FSME beruflich gefährdet sind (z. B. Forstarbeiter). Risikogebiete in Deutschland sind zur Zeit vor allem: Bayern: südlicher Bayerischer Wald, Niederbayern entlang der Donau ab Regensburg (besonders Region Passau) sowie entlang der Flüsse Paar, Isar (ab Landshut), Rott, Inn, Vilz, Altmühl. Baden-Württemberg: gesamter Schwarzwald (Gebiet zwischen Pforzheim, Offenburg, Freiburg, Villingen, Tübingen, Sindelfingen); Gebiete entlang der Flüsse Enz, Nagold und Neckar sowie entlang des Oberrheins, oberhalb Kehls bis zum westlichen Bodensee (Konstanz, Singen, Stockach). Hessen: Odenwald. (Saisonalität beachten: April bis November.)	Grundimmunisierung und Auffrischimpfungen nach Angaben des Herstellers. Entsprechend den Empfehlungen der Gesundheitsbehörden; die Hinweise zu FSME-Risikogebieten – veröffentlicht im Epidemiologischen Bulletin des Robert Koch-Institutes – sind zu beachten.
	R	Aufenthalte in FSME-Risikogebieten außerhalb Deutschlands.	
Gelbfieber	**R**	Entsprechend den Impfanforderungen der Ziel- oder Transitländer (tropisches Afrika und Südamerika mit endemischem Gelbfieber), ferner sind die Hinweise der WHO zu Gelbfieberinfektionsgebieten zu beachten.	Einmalige Impfung in den von den Gesundheitsbehörden zugelassenen Gelbfieberimpfstellen; Auffrischimpfung in 10jährigen Intervallen.

Fortsetzung von Tab. 1

Impfung gegen	Kategorie	Indikation bzw. Reiseziel	Anwendungshinweise (Beipackzettel beachten)
Hepatitis A (HA)	**I**	**1.** HA-gefährdetes Personal* medizinischer Einrichtungen, z. B. Pädiatrie und Infektionsmedizin. **2.** HA-gefährdetes Personal* von Laboratorien, z. B. für Stuhluntersuchungen. **3.** Personal* in Kindertagesstätten, Kinderheimen u. ä. **4.** Personal* in psychiatrischen Einrichtungen oder vergleichbaren Fürsorgeeinrichtungen für Zerebralgestörte oder Verhaltensgestörte. **5.** Kanalisations- und Klärwerksarbeiter. **6.** Homosexuell aktive Männer. **7.** Personen mit substitutionspflichtiger Hämophilie. **8.** Kontaktpersonen zu an Hepatitis A Erkrankten (Riegelungsimpfung). **9.** Personen in psychiatrischen Einrichtungen oder vergleichbaren Fürsorgeeinrichtungen für Zerebralgeschädigte oder Verhaltensgestörte. **10.** Personen, die an einer chronischen Lebererkrankung leiden und keine HAV-Antikörper besitzen. * Unter »Personal« sind hier medizinisches und anderes Fach- und Pflegepersonal sowie Küchen- und Reinigungkräfte zu verstehen.	Grundimmunisierung und Auffrischimpfung nach Angaben des Herstellers. Eine Vortestung auf HAV-Antikörper ist bei vor 1950 Geborenen sinnvoll und bei Personen, die in der Anamnese eine mögliche HA aufweisen bzw. längere Zeit in Endemiegebieten gelebt haben. Bei Exposition kann in seltenen Fällen, z. B. bei HBsAg- und HCV-Trägern, zeitgleich mit der 1. Impfung ein Immunglobulinpräparat gegeben werden.
	R	Reisende in Regionen mit hoher Hepatitis-A-Prävalenz.	

Hepatitis B (HB)	I	Präexpositionell: **1.** HB-gefährdetes medizinisches und zahnmedizinisches Personal; Personal in psychiatrischen Einrichtungen oder vergleichbaren Fürsorgeeinrichtungen für Zerebralgeschädigte oder Verhaltensgestörte; andere Personen, die durch Blutkontakte mit möglicherweise infizierten Personen gefährdet sind, wie z. B. Ersthelfer, Polizisten, Sozialarbeiter und Gefängnispersonal mit Kontakt zu Drogenabhängigen. **2.** Dialysepatienten, Patienten mit häufiger Übertragung von Blut- oder Blutbestandteilen (z. B. Hämophile), Patienten vor ausgedehnten chirurgischen Eingriffen (z. B. vor Operationen unter Verwendung der Herz-Lungen-Maschine). **3.** Patienten mit chronischen Lebererkrankungen, die HBsAg-negativ sind. **4.** Durch Kontakt mit HBsAg-Trägern in Familie und Gemeinschaft (Kindergärten, Kinderheime, Pflegestätten, Schulklassen, Spielgemeinschaften) gefährdete Personen. **5.** Patienten in psychiatrischen Einrichtungen oder vergleichbaren Fürsorgeeinrichtungen für Zerebralgeschädigte oder Verhaltensgestörte. **6.** Besondere Risikogruppen, wie z. B. homosexuell aktive Männer, Drogenabhängige, Prostituierte, länger einsitzende Strafgefangene.	Hepatitis-B-Impfung nach den Angaben des Herstellers; im allgemeinen nach serologischer Vortestung; Kontrolle des Impferfolges ist für die Indikationen unter 1.–4. erforderlich. Auffrischimpfung entsprechend dem nach Abschluß der Grundimmunisierung erreichten Antikörperwert (Kontrolle 1–2 Monate nach 3. Dosis): **1.** bei anti-HBs-Werten $<$10 IE/l erneute Impfung (eine Dosis) und Kontrolle; **2.** bei anti-HBs-Werten 10–100 IE/l regelmäßige Kontrollen etwa alle 3–6 Monate; **3.** bei anti-HBs-Werten $>$100 IE/l Auffrischimpfung (eine Dosis) nach 10 Jahren. (Bei Immundefizienz regelmäßige Kontrollen etwa alle 3–6 Monate.) Bei Fortbestehen eines Infektionsrisikos Auffrischimpfungen in 10jährigen Intervallen.
	R	Reisende in Regionen mit hoher Hepatitis-B-Prävalenz bei längerfristigem Aufenthalt oder bei zu erwartenden engen Kontakten zur einheimischen Bevölkerung.	

Fortsetzung von Tab. 1

Impfung gegen	Kategorie	Indikation bzw. Reiseziel	Anwendungshinweise (Beipackzettel beachten)
Hepatitis B (Fortsetzung)	I	Postexpositionell:	
		1. Medizinisches Personal bei Verletzungen mit möglicherweise erregerhaltigen Gegenständen, z. B. Nadelstichexposition.	Siehe Tab. 2.
		2. Neugeborene HBsAg-positiver Mütter.	Siehe Anmerkungen zum Impfkalender.
Influenza	I	Personen über 60 Jahre. Kinder, Jugendliche und Erwachsene mit erhöhter gesundheitlicher Gefährdung infolge eines Grundleidens, wie z. B. chronische Lungen-, Herz-Kreislauf-, Leber- und Nierenkrankheiten, Diabetes und andere Stoffwechselkrankheiten, Immundefizienz, HIV-Infektion. Personen mit erhöhter Gefährdung, z. B. medizinisches Personal, Personen in Einrichtungen mit umfangreichem Publikumsverkehr.	Jährliche Impfung, vorzugsweise im Herbst (September bis November) mit einem Impfstoff mit aktueller, von der WHO empfohlener Antigen-kombination.
	A	Wenn Epidemien auftreten oder aufgrund epidemiologischer Beobachtungen befürchtet werden.	Entsprechend den Empfehlungen der Gesundheitsbehörden.
Masern	I	Alle ungeimpften Personen in Einrichtungen der Pädiatrie, in Kindertagesstätten, Kinderheimen u. ä.	Einmalige Impfung, vorzugsweise mit MMR-Impfstoff.
Meningokokkeninfektionen (Gruppen A, C, W135, Y)	I	Gefährdete Personen: **1.** z. B. Entwicklungshelfer vor Aufenthalten im Meningitisgürtel Afrikas oder in anderen Gebieten mit Meningitisrisiko, gemäß den Empfehlungen der WHO. **2.** In Deutschland auf Empfehlung der Gesundheitsbehörden.	Nach Angaben des Herstellers.

Mumps	**I**	Alle ungeimpften Personen in Einrichtungen der Pädiatrie, in Kindertagesstätten, Kinderheimen u. ä.	Einmalige Impfung, vorzugsweise mit MMR-Impfstoff
Pneumo-kokken-infektionen	**I**	Personen über 60 Jahre.	Nach Angaben des Herstellers.
		Kinder, Jugendliche und Erwachsene mit erhöhter gesundheitlicher Gefährdung infolge eines Grundleidens, wie z. B. chronische Lungen-, Herz-Kreislauf-, Leber- und Nierenkrankheiten, Diabetes und andere Stoffwechselkrankheiten, Immundefizienz, HIV-Infektion, Erkrankungen der blutbildenden Organe, funktionelle oder anatomische Asplenie, vor Beginn einer immunsuppressiven Therapie, vor Organtransplantation.	Auffrischimpfung frühestens 6 Jahre nach 1. Impfung; Kinder unter 10 Jahren frühestens 3 Jahre nach 1. Impfung.
Poliomyelitis	**A**	Alle Personen bei fehlender oder unvollständiger Grundimmunisierung.	Personen mit 3 dokumentierten OPV-Impfungen gelten als vollständig immunisiert. Ungeimpfte Personen erhalten IPV entsprechend den Angaben des Herstellers. Ausstehende Impfungen der Grundimmunisierung werden mit IPV nachgeholt. Eine routinemäßige Auffrischimpfung wird nach dem vollendeten 18. Lebensjahr nicht empfohlen.
	I	Bei Poliomyelitisrisiko Überprüfung der Impfdokumentation; bei fehlendem Impfschutz ist die Impfung besonders angezeigt für: **1.** Medizinisches Personal, das engen Kontakt zu Erkrankten haben kann. **2.** Personal in Laboratorien mit Poliomyelitisrisiko. **3.** Personen mit engem Kontakt zu Erkrankten. **4.** Reisende in Regionen mit Infektionsrisiko (die aktuelle epidemische Situation ist zu beachten, vor allem die Meldungen der WHO).	Impfung mit IPV, wenn die Impfungen der Grundimmunisierung nicht vollständig dokumentiert sind oder die letzte Impfung der Grundimmunisierung bzw. die letzte Auffrischimpfung länger als 10 Jahre zurückliegen.

Impfung gegen	Kategorie	Indikation bzw. Reiseziel	Anwendungshinweise (Beipackzettel beachten)
Poliomyelitis (Fortsetzung)	**I**	**5.** Aussiedler, Flüchtlinge und Asylbewerber aus Gebieten mit Poliorisiko, die in Gemeinschaftsunterkünften leben sowie für das Personal dieser Einrichtungen (siehe Impfempfehlungen).	
	A	Polioausbruch.	Riegelungsimpfung mit OPV entsprechend den Anordnungen der Gesundheitsbehörden.
Röteln	**I**	Alle ungeimpften Personen in Einrichtungen der Geburtshilfe sowie der Kinder- und Säuglingspflege.	Einmalige Impfung, vorzugsweise mit MMR-Impfstoff.
		Seronegative Frauen mit Kinderwunsch.	Einmalige Impfung mit Rötelnimpfstoff mit nachfolgender Kontrolle des Impferfolgs.
Tetanus	**A**	Alle Personen bei fehlender oder unvollständiger Grundimmunisierung, wenn die letzte Impfung der Grundimmunisierung oder die letzte Auffrischimpfung länger als 10 Jahre zurückliegen.	Die Impfung gegen Tetanus sollte in der Regel in Kombination mit der gegen Diphtherie durchgeführt werden. Eine begonnene Grundimmunisierung wird vervollständigt, Auffrischimpfung in 10jährigen Intervallen.
	I	Postexpositionell.	Siehe Tab. 3.
Tollwut	**I**	Präexpositionell:	Dosierungsschema nach Angaben des Herstellers.
		Tierärzte, Jäger, Forstpersonal, Personen bei Umgang mit Wildtieren und ähnliche Risikogruppen.	Personen mit weiterbestehendem Expositionsrisiko sollten regelmäßig eine Auffrischimpfung entsprechend den Angaben des Herstellers erhalten.
		Personal in Laboratorien mit Tollwutrisiko.	Mit Tollwutvirus arbeitendes Laborpersonal sollte halbjährlich auf neutralisierende Antikörper untersucht werden. Eine Auffrischimpfung ist bei $<$ 0,5 IE/ml Serum indiziert.
	R	Reisende in Regionen mit hoher Tollwutgefährdung (z. B. durch streunende Hunde).	
	I	Postexpositionell.	Siehe Tab. 4.

Tuberkulose		Die Impfung mit dem derzeit verfügbaren BCG-Impfstoff wird nicht empfohlen.	
Typhus	**R**	Bei Reisen in Endemiegebiete.	Nach Angaben des Herstellers.
Varizellen	**I**	Seronegative: **1.** Kinder mit Leukämie*. **2.** Kinder mit soliden malignen Tumoren. **3.** Kinder mit schwerer Neurodermitis. **4.** Kinder vor geplanter Immunsuppression, z. B. wegen schwerer Autoimmunerkrankung, vor Organtransplantation, bei schwerer Niereninsuffizienz. **5.** Geschwister und Eltern der vorstehend Genannten. **6.** Medizinische Mitarbeiter, vor allem der Bereiche Pädiatrie, pädiatrische Onkologie, Schwangerenfürsorge, Betreuung von Immundefizienten. **7.** Frauen mit Kinderwunsch. * Unter folgenden Voraussetzungen: klinische Remission mindestens 12 Monate, vollständige hämatologische Remission (Gesamtlymphozytenzahl $\geq 1200/mm^3$ Blut).	Einmalige Impfung. Bei Exposition passive Immunprophylaxe mit Varizella-Zoster-Immunglobulin (0,5 ml/kg KG); Neugeborene, deren Mütter bis zu 7 Tage vor bzw. 2 Tage nach der Geburt an Varizellen erkrankt sind, erhalten unverzüglich Varicella-Zoster-Immunglobulin in gleicher Dosierung.

Tab. 1
Indikations- und Auffrischimpfungen

A = Impfung mit breiter Anwendung oder erheblichem Wert für die Gesundheit der Bevölkerung
I = Indikationsimpfung bei erhöhter Gefährdung von Personen und Angehörigen von Risikogruppen
R = Reiseimpfungen (von der WHO veröffentlichte Informationen über Infektionsgebiete beachten)

Kontraindikationen

Kinder, Jugendliche und Erwachsene mit akuten behandlungsbedürftigen Erkrankungen sollten frühestens 2 Wochen nach Genesung geimpft werden (Ausnahme: postexpositionelle Impfung).

Unerwünschte Arzneimittelwirkungen im zeitlichen Zusammenhang mit einer Impfung sind bis zur Klärung der Ursache eine Kontraindikation gegen eine nochmalige Impfung mit dem gleichen Impfstoff.

Impfhindernisse können Allergien gegen Bestandteile des Impfstoffs sein. In Betracht kommen vor allem Neomycin und Streptomycin sowie (selten) Hühnereiweiß. Personen, die nach oraler Aufnahme von Hühnereiweiß mit anaphylaktischen Symptomen reagierten, sollten nicht mit Impfstoffen, die Hühnereiweiß enthalten (Gelbfieber-, Influenzaimpfstoff), geimpft werden.

Bei einem angeborenen oder erworbenen Immundefekt sollte vor der Impfung mit einem Lebendimpfstoff der den Immundefekt behandelnde Arzt konsultiert werden. Die serologische Kontrolle des Impferfolges ist bei Patienten mit Immundefizienz angezeigt.

Nicht dringend indizierte Impfungen sollten während der Schwangerschaft nicht verabreicht werden; dies gilt vor allem für Impfungen mit Lebendimpfstoffen gegen Gelbfieber, Masern, Mumps, Röteln und Varizellen. Eine versehentlich in der Schwangerschaft durchgeführte Impfung mit Lebendimpfstoffen, auch gegen Röteln, ist jedoch keine Indikation für einen Schwangerschaftsabbruch.

Falsche Kontraindikationen

Häufig unterbleiben indizierte Impfungen, weil bestimmte Umstände irrtümlicherweise als Kontraindikationen angesehen werden. Dazu gehören z. B.:

1. Banale Infekte, auch wenn sie mit subfebrilen Temperaturen (≤38,5 °C) einhergehen.
2. Ein möglicher Kontakt des Impflings zu Personen mit ansteckenden Krankheiten.
3. Krampfanfälle in der Familie.
4. Fieberkrämpfe in der Anamnese des Impflings.
   Da fieberhafte Impfreaktionen einen Krampfanfall provozieren können, ist zu erwägen, Kindern mit Krampfneigung Antipyretika zu verabreichen: z. B. bei Totimpfstoffen zum Zeitpunkt der Impfung und jeweils 4 und 8 Stunden nach der Impfung sowie bei der MMR-Impfung zwischen dem 7. und 12. Tag bei Temperaturerhöhung.
5. Ekzem u. a. Dermatosen, lokalisierte Hautinfektionen.
6. Behandlung mit Antibiotika oder mit niedrigen Dosen von Kortikosteroiden oder lokal angewendeten steroidhaltigen Präparaten.
7. Angeborene oder erworbene Immundefekte bei Impfung mit Totimpfstoffen.
8. Neugeborenenikterus.
9. Frühgeburtlichkeit (Frühgeborene sollten unabhängig von ihrem Geburtsgewicht entsprechend dem empfohlenen Impfalter geimpft werden).
10. Chronische Erkrankungen sowie nicht progrediente Erkrankungen des ZNS.
    Indizierte Impfungen sollen auch bei Personen mit chronischen Erkrankungen verabreicht werden; sie sind durch schwere Verläufe und Komplikationen impfpräventabler Krankheiten besonders gefährdet. Personen mit chronischen Erkrankungen sollen über den Nutzen der Impfung im Vergleich zum Risiko der Krankheit aufgeklärt werden.
    Es liegen keine gesicherten Erkenntnisse darüber vor, daß eventuell zeitgleich mit der Impfung auftretende Krankheitsschübe ursächlich durch eine Impfung bedingt sein können.

Umgang mit Impfstoffen und Vorgehen bei der Impfung

Impfstoffe sind empfindliche biologische Produkte und müssen vor allem vor Erwärmung geschützt werden. Besonders empfindlich sind Impfstoffe, die vermehrungsfähige Viren enthalten. Alle Impfstoffe sind im Kühlschrank bei 2–8 °C zu lagern. Die Lagertemperatur muß regelmäßig überprüft werden. Versehentlich falsch gelagerte oder eingefrorene Impfstoffe sind zu verwerfen. Impfstoffe dürfen nicht mit Desinfektionsmitteln in Kontakt kommen. Durchstechstopfen müssen trocken sein!

Die Injektionskanüle sollte trocken sein, vor allem sollte Impfstoff die Kanüle außen nicht benetzen. Dies macht die Injektion schmerzhaft und kann zu Entzündungen im Bereich des Stichkanals führen. Nach Aufziehen des Impfstoffs in die Spritze und dem Entfernen evtl. vorhandener Luft sollte eine neue Kanüle für die Injektion aufgesetzt werden. Vor der Injektion ist die Impfstelle zu desinfizieren. Bei der Injektion sollte die Haut wieder trokken sein.

Für i.m. zu injizierende Impfstoffe ist die bevorzugte Impfstelle der M. deltoideus. Solange dieser Muskel nicht ausreichend ausgebildet ist, wird empfohlen, in den M. vastus lateralis (anterolateraler Oberschenkel) zu injizieren. Hier ist die Gefahr einer Verletzung von Nerven oder Gefäßen gering. Bei Injektion in das subkutane Fettgewebe kann es zu schmerzhaften Entzündungen und zur Bildung von Granulomen oder Zysten kommen. Darüber hinaus ist bei Injektion in das Fettgewebe der Impferfolg in Frage gestellt.

Dokumentation der Impfung

Im Impfausweis und in der Dokumentation des impfenden Arztes müssen die Chargennummer und die Bezeichnung des Impfstoffs (Handelsname) eingetragen werden. Dies gilt für alle Impfstoffe und kann retrospektive Ermittlungen erleichtern, wenn Fragen zu Wirksamkeit und Sicherheit bestimmter Impfstoffe oder einzelner Impfstoffchargen aufkommen sollten. Als Impfausweis sollte das vom Deutschen Grünen Kreuz herausgegebene WHO-gerechte Formular »Internationale Bescheinigungen über Impfungen und Impfbuch« benutzt werden. Zur Impfdokumentation gehören Stempel und Unterschrift des Arztes.

Fehlende Impfdokumentation: Häufig ist der Arzt damit konfrontiert, daß Impfdokumente fehlen, nicht auffindbar oder lückenhaft sind. Dies ist kein Grund, notwendige Impfungen zu verschieben, fehlende Impfungen nicht nachzuholen oder eine Grundimmunisierung nicht zu beginnen.

Von zusätzlichen Impfungen bei bereits bestehendem Impfschutz geht kein besonderes Risiko aus. Dies gilt auch für Mehrfachimpfungen mit Lebendvirusimpfstoffen. Serologische Kontrollen zur Überprüfung des Impfschutzes sind nur in Ausnahmesituationen angezeigt (z. B. Anti-HBsAg bei Risikopersonen, Rötelnantikörper bei Frauen mit Kinderwunsch); zum Nachweis vorausgegangener Impfungen, z. B. unter dem Aspekt »unklarer Impfstatus«, sind sie ungeeignet.

Impfreaktionen

Impfreaktionen wie Rötung, Schwellung und Schmerzhaftigkeit im Bereich der Injektionsstelle oder auch erhöhte Temperaturen werden im allgemeinen innerhalb von 72 Stunden nach der Impfung beobachtet. Zwischen dem 7. und dem 12. Tag nach der MMR-Impfung kann es zu einer leichten masernähnlichen Symptomatik mit erhöhten Temperaturen kommen. Die prophylaktische Gabe von Antipyretika für den Zeitraum möglicher fieberhafter Impfreaktionen ist zu erwägen.

Neben diesen normalen Impfreaktionen sind unerwünschte Armeimittelwirkungen äußerst selten. Zeitgleich mit der Impfung auftretende Erkrankungen anderer Genese können als unerwünschte Arzneimittelwirkungen imponieren, deshalb ist ein über die normale Impfreaktion hinausgehendes Vorkommnis unverzüglich differentialdiagnostisch zu klären.

Vorgehen bei unerwünschten Arzneimittelwirkungen

Über unerwünschte Arzneimittelwirkungen sind umgehend das Gesundheitsamt, die Arzneimittelkommission der Deutschen Ärzteschaft und/oder die zuständige Behörde (Paul-Ehrlich-Institut, Bundesamt für Sera und Impfstoffe, Paul-Ehrlich-Straße 51–59, 63225 Langen) zu unterrichten. (Die für diese Meldungen benötigten Formblätter werden regelmäßig im Deutschen Ärzteblatt veröffentlicht.) Ebenso sollte der Hersteller informiert werden.

Die für die Klärung einer unerwünschten Arzneimittelwirkung notwendigen immunologischen (z. B. zum Ausschluß eines Immundefektes) oder mikrobiologischen Untersuchungen (z. B. zum differentialdiagnostischen Ausschluß einer interkurrenten Infektion) sollten unverzüglich eingeleitet werden. Dafür notwendige Untersuchungsmaterialien, z. B. Serum oder Stuhlproben, sind zu asservieren. Der

Tab. 2
Hepatitis-B-Immunprophylaxe
bei Exposition

Anzahl der bisherigen HB-Impfungen	anti-HBsAg-Wert*	Erforderlich ist die Gabe von	
		HB-Impfstoff	**HB-Immunglobulin**
Unbekannt, keine, 1 oder 2 (keine oder unvollständige Grundimmunisierung)	–	ja	ja**
3 oder mehr	mehr als 100 IE/l	nein	nein
3 oder mehr	weniger als 100 IE/l	ja	nein***

* Kann der anti-HBs-Wert nicht innerhalb von 24 Stunden bestimmt werden, ist die simultane Gabe von HB-Impfstoff und HB-Immunglobulin, im allgemeinen 0,06 ml/kg KG, erforderlich (Beipackzettel beachten).
** Nein, bei einem anti-HBsAg-Wert von mehr als 100 IE/l.
*** Ja, bei einem anti-HBsAg-Wert von weniger als 10 IE/l.

Nonresponder (kein meßbares anti-HBsAg nach mindestens 6 Impfungen) erhalten unverzüglich HB-Impfstoff und HB-Immunglobulin.
Fehlende Impfungen der Grundimmunisierung sind entsprechend den für die Grundimmunisierung gegebenen Empfehlungen nachzuholen.
Die einzelnen Impfungen und die Gabe von HB-Immunglobulin sowie die Ergebnisse der serologischen Untersuchungen sind sorgfältig zu dokumentieren.

Vorgeschichte der Tetanusimmunisierung (Anzahl der Impfungen)	Saubere, geringfügige Wunden		Alle anderen Wunden[1])	
	Td oder DT[2])	TIG[3])	Td oder DT[2])	TIG[3])
Unbekannt	ja	nein	ja	ja
0–1	ja	nein	ja	ja
2	ja	nein	ja	nein[4])
3 oder mehr	nein[5])	nein	nein[6])	nein

[1]) ○ Tiefe und/oder verschmutzte (mit Staub, Erde, Speichel, Stuhl kontaminierte) Wunden, Verletzungen mit Gewebszertrümmerung und reduzierter Sauerstoffversorgung oder Eindringen von Fremdkörpern (z. B. Quetsch-, Riß-, Biß-, Stich-, Schußwunden);
○ schwere Verbrennungen und Erfrierungen;
○ Gewebsnekrosen;
○ septische Aborte.

[2]) Kinder unter 6 Jahren DT, ältere Personen Td (d. h. Tetanus-Diphtherie-Impfstoff mit gegenüber dem DT-Impfstoff verringertem Diphtherietoxoidgehalt).

[3]) TIG = Tetanusimmunglobulin, im allgemeinen werden 250 IE verabreicht, die Dosis kann auf 500 IE erhöht werden; TIG wird simultan mit Td/DT-Impfstoff angewendet.

[4]) Ja, wenn die Verletzung länger als 24 Stunden zurückliegt.

[5]) Ja, wenn seit der letzten Impfung mehr als 10 Jahre vergangen sind.

[6]) Ja, wenn seit der letzten Impfung mehr als 5 Jahre vergangen sind.

Tab. 3
Tetanusimmunprophylaxe im Verletzungsfall

Impfling oder seine Eltern bzw. Sorgeberechtigten sind auf die gesetzlichen Bestimmungen zur Versorgung nach Impfschäden hinzuweisen (BSeuchG § 51). Der Antrag auf Versorgung ist beim zuständigen Versorgungsamt zu stellen.

Hinweise zur Kostenübernahme von Schutzimpfungen

Für die Kostenübernahme von Schutzimpfungen kommen verschiedene Träger in Frage. Zu diesen zählen der öffentliche Gesundheitsdienst für ihm zugewiesene Schutzimpfungen sowie weitere aufgrund gesetzlicher Vorschriften benannte Stellen (z. B. Arbeitgeber). Die gesetzlichen Krankenkassen können die Kostenübernahme für Schutzimpfungen in ihren jeweiligen Satzungen als Kassenleistung vorsehen (§ 20 Abs. 2 SGB V).

Auch wenn in diesen Satzungsregelungen durch entsprechende Vertragsgestaltung zwischen den kassenärztlichen Vereinigungen und den Krankenkassen auf die von der STIKO empfohlenen Schutzimpfungen Bezug genommen wird, kann nicht generell von einer automatischen Übernahme der Kosten für alle darin empfohlenen Schutzimpfungen ausgegangen werden. Eine Kostenübernahme für Schutzimpfungen, die anläßlich eines nicht beruflich bedingten Auslandsaufenthaltes indiziert sind, ist ausgeschlossen. Ebenso sind die in den STIKO-Empfehlungen mit »R« gekennzeichneten Schutzimpfungen keine Kassenleistungen.

Impfkalender für Säuglinge, Kinder und Jugendliche

Der Impfkalender für Säuglinge, Kinder und Jugendliche (Abb. 1) umfaßt Impfungen zum Schutz vor Diphtherie (D/d), Pertussis (aP), Tetanus (T), Haemophilus influenzae Typ b (Hib), Hepatitis B (HB), Poliomyelitis (IPV) sowie gegen Masern, Mumps und Röteln (MMR).

In Abb. 1 sind den empfohlenen Impfungen die Impftermine zugeordnet. Abweichungen vom empfohlenen Impfalter sind möglich und u. U. notwendig. Die angegebenen Impftermine berücksichtigen die für den Aufbau eines Impfschutzes notwendigen Zeitabstände zwischen den Impfungen. Die Früherkennungsuntersuchungen für Säuglinge und Kinder, die Schuleingangsuntersuchung, die Jugendgesundheitsuntersuchungen sowie die Untersuchungen nach dem Jugendarbeitsschutzgesetz können für die Impfprophylaxe genutzt werden.

Tab. 4
Postexpositionelle Tollwutimmunprophylaxe

Grad der Exposition	**Art der Exposition**		**Immunprophylaxe* (Beipackzettel beachten)**
	durch ein tollwutverdächtiges oder tollwütiges Wild- oder Haustier	**durch einen Tollwutimpfstoffköder**	
I	Berühren/Füttern von Tieren, Belecken der intakten Haut	Berühren von Impfstoffködern bei intakter Haut	Keine Impfung
II	Knabbern an der unbedeckten Haut, oberflächliche, nicht blutende Kratzer durch ein Tier, Belecken der nicht intakten Haut	Kontakt mit der Impfflüssigkeit eines beschädigten Impfstoffköders mit nicht intakter Haut	Impfung
III	Jegliche Bißverletzung oder Kratzwunden, Kontamination von Schleimhäuten mit Speichel (z. B. Lecken, Spritzer)	Kontamination von Schleimhäuten und frischen Hautverletzungen mit der Impfflüssigkeit eines beschädigten Impfstoffköders	Impfung und einmalig simultan mit der 1. Impfung passive Immunisierung mit Tollwutimmunglobulin (20 IE/kg KG)

* Die einzelnen Impfungen und die Gabe von Tollwutimmunglobulin sind sorgfältig zu dokumentieren.

Impfstoff	HIV-Infektion	
	asymptomatisch	**symptomatisch**
Inaktivierte Impfstoffe/Toxoide	empfohlen	empfohlen
Masernimpfstoff	empfohlen	nicht empfohlen*
Mumps-, Röteln- und andere Lebendimpfstoffe	empfohlen	nicht empfohlen
Varizellen	kontraindiziert	kontraindiziert
(BCG)	(kontraindiziert)	(kontraindiziert)

* Masern können bei HIV-Kranken einen besonders schweren Verlauf nehmen. Bei erhöhter Maserngefährdung ist deshalb eine Masernimpfung indiziert. Eine gleichzeitig durchgeführte IgG-Substitution kann den Impferfolg in Frage stellen. Eine Kontrolle des Impferfolges ist bei diesen Patienten angeraten. Im Falle einer akuten Masernexposition ist bei nichtimmunen Personen eine IgG-Gabe zu erwägen.

Tab. 5
Impfung bei HIV-Infektion

Um die Zahl der Injektionen möglichst gering zu halten, sollten nach Möglichkeit Kombinationsimpfstoffe verwendet werden. Ein vollständiger Impfschutz ist nur dann gewährleistet, wenn die vom Hersteller angegebene Zahl von Einzeldosen verabreicht wurde (Beipackzettel/Fachinformationen beachten).

Die Erfahrung zeigt, daß Impfungen, die später als empfohlen begonnen oder für längere Zeit unterbrochen wurden, häufig nicht zeitgerecht fortgesetzt werden. Bis zur Feststellung und Schließung von Impflücken, z. B. bei der Schuleingangsuntersuchung, verfügen unzureichend geimpfte Kinder nur über einen mangelhaften Impfschutz.

Wegen der besonderen Gefährdung in der frühen Kindheit muß es daher das Ziel sein, unter Beachtung der Mindestabstände zwischen den Impfungen möglichst frühzeitig, d. h. bis zum Ende des 15. Lebensmonats, die empfohlenen Impfungen durchzuführen. Noch vor Schuleintritt ist für einen vollständigen Impfschutz Sorge zu tragen, und spätestens bis zum vollendeten 18. Lebensjahr (d. h. bis zum Tag vor dem 18. Geburtstag) sind bei Jugendlichen versäumte Impfungen nachzuholen.

Unabhängig von den in Abb. 1 genannten Terminen sollten, wann immer ein Kind dem Arzt vorgestellt wird, die Impfdokumentation überprüft und fehlende Impfungen nachgeholt werden.

Anmerkungen zu den im Impfkalender aufgeführten Impfungen

Diphtherie

Ab Beginn des 6. Lebensjahres wird bei Auffrischimpfungen und zur Grundimmunisierung ein Impfstoff mit reduziertem Diphtherietoxoidgehalt (d) verwendet, in der Regel kombiniert mit Tetanustoxoid oder weiteren Antigenen.

Haemophilus influenzae Typ b (Hib)

Nach dem 12. bzw. 15. Lebensmonat (Beipackzettel beachten) ist eine einmalige Hib-Impfung ausreichend. Ab dem 6. Lebensjahr ist eine Hib-Impfung nur in ausnahmsweise indiziert (z. B. funktionelle oder anatomische Asplenie).

Für die einzelnen Impfungen der Grundimmunisierung sollte – wenn möglich – ein Impfstoff mit gleichem Trägerprotein verwendet werden. Ist jedoch nicht bekannt, mit welchem Impfstoff zuvor geimpft worden ist, weil der Handelsname nicht – wie erforderlich – dokumentiert wurde, dann muß die Grundimmunisierung nicht erneut begonnen werden, sondern kann mit jedem Hib-Impfstoff fortgesetzt werden.

Bei Kombinationsimpfstoffen, die außer der Hib-Komponente auch Pertussisantigene enthalten, sind für die Grundimmunisierung 4 Impfungen vorgeschrieben.

Hepatitis B (HB)

Die WHO hat 1992 empfohlen, daß bis 1997 in allen Ländern die HB-Impfung Bestandteil des Impfprogramms wird. Entsprechend diesem Vorschlag wurde 1995 die HB-Impfung der Säuglinge, Kinder und Jugendlichen in den Kalender der empfohlenen Impfungen aufgenommen. Damit folgte Deutschland dem Beispiel der USA, Kanadas und Frankreichs; Staaten, die eine mit Deutschland vergleichbare epidemiologische Ausgangslage haben. Serologische Vor- bzw. Nachtestungen zur Kontrolle des Impferfolges sind bei der routinemäßigen Impfung im Kindesalter nicht erforderlich.

Postexpositionelle Hepatitis-B-Prophylaxe bei Neugeborenen von HBsAg-positiven Müttern

Entsprechend den Mutterschaftsrichtlinien ist bei allen Schwangeren nach der 32. Schwangerschaftswoche, möglichst nahe am Geburtstermin, das Serum auf HBsAg zu untersuchen. Ist das Ergebnis positiv, dann ist bei dem Neugeborenen unmittelbar post partum, d. h. innerhalb von 12 Stunden, mit der Immunisierung gegen Hepatitis B zu beginnen. Dabei werden simultan die 1. Dosis HB-Impfstoff und HB-Immunglobulin verabreicht. Die begonnene HB-Grundimmunisierung wird 1 Monat nach der 1. Impfung durch eine 2. und 6 Monate nach der 1. Impfung durch eine 3. Impfung vervollständigt.

Bei Neugeborenen von Müttern, deren HBsAg-Status nicht bekannt ist und bei denen noch vor bzw. sofort nach der Geburt die serologische Kontrolle nicht möglich ist, wird ebenfalls unmittelbar post partum die Grundimmunisierung mit HB-Impfstoff begonnen. In diesen Fällen ist nach Abschluß der Grundimmunisierung die serologische Kontrolle des Impferfolgs erforderlich.

Masern, Mumps, Röteln (MMR)

Die Impfung gegen Masern, Mumps und Röteln sollte mit einem Kombinationsimpfstoff (MMR-Impfstoff) durchgeführt werden, in der Regel zwischen dem 12. und 15. Lebensmonat, möglichst bis zum Ende des 2. Lebensjahres, um den frühestmöglichen Impfschutz zu erreichen. Steht bei einem Kind die Aufnahme in eine Kindereinrichtung an, kann die MMR-Impfung auch vor dem 12. Lebensmonat, jedoch nicht vor dem 9. Lebensmonat erfolgen. Sofern die Erstimpfung vor dem 12. Lebensmonat erfolgte, sollte die MMR-Impfung bereits im 2. Lebensjahr wiederholt werden, da im 1. Lebensjahr noch persistierende maternale Antikörper die Impfviren neutralisieren können.

Die Eliminierung der Masern ist ein erklärtes Ziel der deutschen Gesundheitspolitik. Masern können eliminiert werden, wenn die Durchimpfungsrate gegen Masern bei Kindern mehr als 95% erreicht. Diesem Ziel sind bisher die Länder nahegekommen, die eine zweimalige Impfung im Kindesalter empfehlen und durchführen, wie die skandinavischen Länder, Großbritannien, die Niederlande und die USA.

Die STIKO empfiehlt eine 2. MMR-Impfung seit 1991. Mit der 2. MMR-Impfung sollen Immunitätslücken geschlossen werden. Die 2. MMR-Impfung kann bereits 4 Wochen nach der 1. MMR-Impfung erfolgen. Aus praktischen Gründen ist die Schuleingangsuntersuchung ein geeigneter Zeitpunkt, die 2. MMR-Impfung zu veranlassen.

Es ist dafür Sorge zu tragen, daß die 2. MMR-Impfung so früh wie möglich, spätestens jedoch bis zum vollendeten 18. Lebensjahr, nachgeholt wird; bei Mädchen wird damit auch der unverzichtbare Schutz vor einer Rötelnembryopathie gesichert. Auch bei anamnestisch angegebener Masern-, Mumps- oder Rötelnerkrankung sollte die 2. MMR-Impfung durchgeführt werden. Anamnestische Angaben über eine Masern- oder Rötelnerkrankung sind ohne mikrobiologisch-serologische Dokumentation der Erkrankungen unzuverlässig und nicht verwertbar.

Es gibt in der Fachliteratur keine Hinweise auf Nebenwirkungen nach mehrmaligen Masern-, Mumps- oder Rötelnimpfungen. Eine Altersbegrenzung für die MMR-Impfung besteht nicht; sie kann daher in jedem Alter verabreicht werden. Empfehlenswert ist z. B. die MMR-Impfung für alle ungeimpften Personen in Einrichtungen mit erhöhter Infektionsgefahr, wie z. B. der Pädiatrie, in Kindergärten, Kinderheimen u. ä. (Tab. 1).

Eine zusätzliche monovalente Rötelnimpfung für Mädchen ist nicht erforderlich, wenn bereits 2 Impfungen mit MMR-Impfstoff dokumentiert sind. Ist nur eine MMR-Impfung vorausgegangen, dann ist die 2. MMR-Impfung bei allen Kindern und Jugendlichen nachzuholen; bei der Jugendgesundheitsuntersuchung ist sicherzustellen, daß alle Mädchen 2 MMR-Impfungen erhalten haben.

Pertussis

In Anbetracht der epidemiologischen Pertussis-Situation in Deutschland und der Schwere des klinischen Verlaufs einer Pertussis im Säuglingsalter ist es dringend geboten, die Grundimmunisierung der Säuglinge und Kleinkinder zum frühestmöglichen Zeitpunkt, d. h. unmittelbar nach Vollendung des 2. Lebensmonats zu beginnen und zeitgerecht fortzuführen.

Empfohlen werden je eine Impfung mit einem Impfstoff, der Pertussisantigene enthält, ab Beginn des 3., 4. und 5. Lebensmonats und eine weitere Impfung ab Beginn des 12. Lebensmonats, möglichst jedoch bis zum 15. Lebensmonat.

Das Nachholen oder die Vervollständigung der Pertussisimmunisierung wird bis zum vollendeten 5. Lebensjahr empfohlen. In begründeten Fällen (erhöhte gesundheitliche und/oder expositionelle Gefährdung) kann die Pertussisimpfung auch nach dem vollendeten 5. Lebensjahr begonnen bzw. vervollständigt werden.

Für die einzelnen Impfungen der Grundimmunisierung sollte – wenn möglich – ein Impfstoff mit gleichen Pertussisantigenen verwendet werden. Ist jedoch nicht bekannt, mit welchem Impfstoff zuvor geimpft worden ist, weil der Handelsname nicht – wie erforderlich – dokumentiert wurde, dann muß die Grundimmunisierung nicht erneut begonnen werden, sondern kann mit jedem Impfstoff, der Pertussisantigene enthält, fortgesetzt werden.

Poliomyelitis

Der Poliolebendimpfstoff, orale Poliovakzine (OPV), wird wegen des – wenn auch sehr geringen – Risikos einer vakzineassoziierten paralytischen Poliomyelitis (VAPP) nicht mehr empfohlen. Zum Schutz vor der Poliomyelitis wird ein zu injizierender Impfstoff, inaktivierte Poliovakzine (IPV), mit gleicher Wirksamkeit empfohlen. Ab Beginn des 11. Lebensjahres wird für Jugendliche (bis zum vollendeten 18. Lebensjahr) eine Auffrischimpfung mit einem Impfstoff, der IPV enthält, empfohlen. Eine mit OPV begonnene Grundimmunisierung wird mit IPV komplettiert.

Indikations- und Auffrischimpfungen

In Weiterführung des Impfplanes für Säuglinge, Kinder und Jugendliche sollte der Impfschutz gegen bestimmte Infektionskrankheiten in späteren Lebensjahren aufgefrischt oder bislang versäumte Impfungen nachgeholt werden (z. B. gegen Diphtherie, Tetanus, Masern, Poliomyelitis). Andere Impfungen können bei besonderer epidemiologischer Situation oder Gefährdung für Kinder, Jugendliche und Erwachsene indiziert sein (Indikationsimpfungen).

Zu den Indikationsimpfungen gehören auch Reiseimpfungen. Sie können aufgrund der internationalen Gesundheitsvorschriften (Gelbfieberimpfung) erforderlich sein oder sie werden zum individuellen Schutz dringend empfohlen.

Die Empfehlung über Art und zeitliche Reihenfolge der Impfungen obliegt dem Arzt, bei jedem einzelnen Patienten unter Abwägung der Indikation und gegebenenfalls bestehender Kontraindikationen.

Die in Tab. 1 genannten Impfungen sind in ihrer Bedeutung unterschiedlich; sie werden in folgende Kategorien eingeteilt:

A = Impfung mit breiter Anwendung und erheblichem Wert für die Gesundheit der Bevölkerung.

I = Indikationsimpfung bei erhöhter Gefährdung von Personen bzw. Angehörigen von Risikogruppen.

R = Reiseimpfungen (von der WHO veröffentlichte Informationen über Gebiete mit besonderem Infektionsrisiko beachten).

Impfempfehlungen für Aussiedler, Flüchtlinge oder Asylbewerber in Gemeinschaftsunterkünften

Es wird empfohlen, Schutzimpfungen bei Bewohnern von Gemeinschaftsunterkünften möglichst frühzeitig durch den öffentlichen Gesundheitsdienst oder durch vom öffentlichen Gesundheitsdienst beauftragte Ärzte zumindest zu beginnen. Die Vervollständigung der Grundimmunisierung sollte nach dem Verlassen der Gemeinschaftsunterkünfte durch die am späteren Aufenthaltsort niedergelassenen Ärzte oder durch den öffentlichen Gesundheitsdienst erfolgen.

Vorliegende Impfdokumentationen sind nach Möglichkeit zu berücksichtigen; die Empfehlungen der STIKO sollten dem Vorgehen zugrunde gelegt werden.

1. Bei Erwachsenen sollten Impfungen gegen Diphtherie und Tetanus (Td-Impfstoff), gegen Poliomyelitis sowie bei seronegativen Personen gegen Hepatitis B verabreicht werden.

2. Kinder sollten gegen Diphtherie, Tetanus und Pertussis sowie gegen Poliomyelitis, Masern, Mumps, Röteln und gegen Hepatitis B geimpft werden.

Die Tetanusimmunprophylaxe ist unverzüglich durchzuführen. Fehlende Impfungen der Grundimmunisierung sind entsprechend den für die Grundimmunisierung gegebenen Empfehlungen nachzuholen.

Die STIKO-Empfehlungen zur Tetanusimmunprophylaxe im Verletzungsfall wurden den Empfehlungen des wissenschaftlichen Beirates der Bundesärztekammer angeglichen.

Es sollte Diphtherie-Tetanus-Toxoidimpfstoff benutzt werden.

Anmerkungen zur postexpositionellen Tollwutimmunprophylaxe

1. Möglicherweise kontaminierte Körperstellen und alle Wunden sind unverzüglich und großzügig mit Seife oder Detergenzien zu reinigen, mit Wasser gründlich zu spülen und mit mindestens 70%igem Alkohol oder einem Jodpräparat zu behandeln; dies gilt auch bei einer Kontamination mit der Impfflüssigkeit eines Impfstoffköders.

Bei Expositionsgrad III wird das Tollwutimmunglobulin etwa zur Hälfte soweit möglich in und um die Wunde instilliert und die verbleibende Menge i.m. verabreicht. Wunden sollten möglichst nicht primär genäht werden.

2. Bei erneuter Exposition einer Person, die bereits vorher mit Tollwut-Zellkulturimpfstoffen geimpft wurde, sind die Angaben des Herstellers zu beachten.

3. Bei Impfanamnese mit unvollständiger Impfung oder Impfung mit in der EU nicht zugelassenen Impfstoffen wird entsprechend Tab. 4 eine vollständige Immunprophylaxe durchgeführt.

4. Bei gegebener Indikation ist die Immunprophylaxe unverzüglich durchzuführen; kein Abwarten bis zur Klärung des Infektionsverdachts beim Tier. Wird der Tollwutverdacht beim Tier durch die tierärztliche Untersuchung entkräftet, kann die Immunprophylaxe abgebrochen oder als präexpositionelle Impfung weitergeführt werden.

5. Zu beachten ist die Überprüfung der Tetanusimpfdokumentation – bei Notwendigkeit gleichzeitige Tetanusimmunprophylaxe (Tab. 3).

Hinweise zu den Impfempfehlungen der Ständigen Impfkommission (STIKO) am Robert Koch-Institut (Stand: März 1998)

Zur Erleichterung der Arbeit mit den neugefaßten Empfehlungen weist die STIKO ergänzend auf einige Änderungen gegenüber der Fassung vom März 1997 hin.

Zu den Vorbemerkungen

Aufklärungspflicht vor Schutzimpfungen: In diesem Abschnitt wird die Einwilligungserklärung bei Minderjährigen dahingehend präzisiert, daß Jugendliche selbst in die Impfung einwilligen können, wenn sie die erforderliche Einsichtsfähigkeit besitzen = in der Regel mit 16 Jahren.

Falsche Kontraindikationen: Wegen ihrer besonderen Bedeutung werden falsche Kontraindikationen einem eigenen Abschnitt zugeordnet. Chronische Erkrankungen sowie nicht progrediente Erkrankungen des ZNS als falsche Kontraindikationen werden erläutert.

Dokumentation der Impfung: Das Vorgehen bei fehlender Impfdokumentation wird genauer dargestellt. Es wird darauf verwiesen, daß serologische Kontrollen zur Klärung des Impfstatus ungeeignet und darüber hinaus in der Regel überflüssig sind.

Vorgehen bei unerwünschten Arzneimittelwirkungen: Zur Anpassung an den Wortlaut des Gesetzes über den Verkehr mit Arzneimitteln (AMG) werden Impfkomplikationen und unerwünschte Arzneimittelwirkungen nicht getrennt. Von unerwünschten Arzneimittelwirkungen sind die normalen Impfreaktionen, die nicht zu melden sind, zu unterscheiden.

Zum Impfkalender für Säuglinge, Kinder und Jugendliche

Dem Impfkalender wird eine Einleitung vorangestellt, in der nochmals darauf hingewiesen wird, daß Impfungen möglichst frühzeitig durchgeführt werden sollen. Die Früherkennungsuntersuchungen für Säuglinge und Kinder, die Schuleingangsuntersuchung, die Jugendgesundheitsuntersuchungen sowie die Untersuchung nach dem Jugendarbeitsschutzgesetz können genutzt werden, um Impfungen durchzuführen bzw. unterbliebene Impfungen bis zum vollendeten 18. Lebensjahr (d. h. bis zum Tag vor dem 18. Geburtstag) nachzuholen.

Impfkalender: Die bisherige Tab. 1, in der die unterschiedlichen verfügbaren Impfstoffe einzeln aufgeführt wurden, wird aufgegeben. Bei der Vielzahl der angebotenen bzw. zu erwartenden Kombinationsimpfstoffe ist eine detaillierte Darstellung der empfohlenen Impftermine und der verschiedenen Impfstoffe nicht mehr praktikabel.

Die bereits in die Impfempfehlungen der STIKO (Stand: März 1997) aufgenommene Abb. 1 wird beibehalten und dem aktuellen Stand angepaßt. In Abb. 1 werden das empfohlene Impfalter und die Mindestabstände zwischen den Impfungen für die unterschiedlichen Impfantigene aufgeführt. Es wird darauf verwiesen, daß Auffrischimpfungen zu den angegebenen Terminen dann entfallen können, wenn der Abstand zur vorausgegangenen gleichen Impfung weniger als 12 Monate beträgt.

Anmerkungen zu den im Impfkalender aufgeführten Impfungen

Hepatits B (HB): Die in der bisherigen Tab. 2 »Indikations- und Auffrischimpfungen« enthaltenen Hinweise zur postexpositionellen Hepatitis-B-Prophylaxe bei Neugeborenen von HBsAg-positiven Müttern werden in die Anmerkungen aufgenommen und präzisiert.

Masern, Mumps, Röteln (MMR): Zum ausreichenden Aufbau eines sicheren Schutzes gegen Masern sind 2 Impfungen erforderlich; sie werden mit einem MMR-Kombinationsimpfstoff durchgeführt. In den Anmerkungen und in Abb. 1 wird darauf hingewiesen, daß die 2. MMR-Impfung bereits 4 Wochen nach der 1. MMR-Impfung gegeben werden kann.

Die gesonderte Rötelnimpfung für Mädchen nach dem 11. Lebensjahr wird dann nicht mehr empfohlen, wenn bereits 2 MMR-Impfungen dokumentiert sind.

Poliomyelitis: Die im Epidemiologischen Bulletin 4/98, S. 21, veröffentlichte Mitteilung der STIKO »Zum Schutz vor der Kinderlähmung wird jetzt inaktivierter Poliomyelitisimpfstoff empfohlen« wird in den novellierten Impfempfehlungen berücksichtigt.

Zur Tab. 1: Indikations- und Auffrischimpfungen

FSME: Die für Deutschland ausgewiesenen FSME-Risikogebiete werden dem jetzigen Erkenntnisstand angepaßt. Als Reiseimpfungen gelten nur noch Impfungen vor Aufenthalten in FSME-Risikogebieten außerhalb Deutschlands; FSME-Risikogebiete in Deutschland werden im Epidemiologischen Bulletin veröffentlicht (letzte Fassungen: Epidemiol. Bull. 13/97, S. 87; 42/97, S. 293–295).

Meningokokken: Die Impfung wurde bisher nur Reisenden in Epidemiegebiete empfohlen. Jetzt wird zusätzlich aufgenommen: »In Deutschland auf Empfehlung der Gesundheitsbehörden«. In diesem Zusammenhang sei daran erinnert, daß für Personen mit engem Kontakt zu Erkrankten nicht die Impfung, sondern die Chemoprophylaxe empfohlen wird (siehe Epidemiol. Bull. 14/96, S. 95–96; 10/98, S. 63–67).

Pneumokokken: Die Indikation für die Pneumokokkenimpfung wird auf Personen über 60 Jahre erweitert.

Tuberkulose: In Anbetracht der epidemiologischen Situation in Deutschland, der nicht sicher belegbaren Wirksamkeit der BCG-Impfung und der nicht seltenen schwerwiegenden unerwünschten Arzneimittelwirkungen des BCG-Impfstoffs kann es die STIKO nicht mehr vertreten, diese Impfung zu empfehlen.

Keuchhustenschutzimpfung

B. Stück, Berlin

Die Pertussis ist eine durch Impfung vermeidbare Erkrankung. Durch die in den 30er Jahren eingeführte generelle Impfung ließ sich die Infektionsfrequenz allmählich senken. In den 60er Jahren traten manifeste Erkrankungen nur noch selten auf. Daneben trug die Verbesserung der hygienischen und sozioökonomischen Verhältnisse zu einem Rückgang der Morbidität bei. Schließlich konnten durch den Einsatz der Antibiotika die Letalität und damit auch die Mortalität gesenkt werden (8). Das führte 1962 in der Bundesrepublik dazu, daß auf eine Meldepflicht der Erkrankung – außer bei Todesfall – verzichtet wurde (8, 14). Seither fehlt eine wichtige Entscheidungshilfe zum Einsatz der Pertussisschutzimpfung.

Aufgrund einer Fehleinschätzung der Wirksamkeit und der »Gefährlichkeit« der Pertussisschutzimpfung wurde 1974 die allgemeine Impfempfehlung zurückgenommen und die Impfung nur noch für Kinder empfohlen, die durch Herz- und Lungenerkrankungen besonders gefährdet waren und solche, die Kindergemeinschaftseinrichtungen besuchten (8, 14). Damit sollte eine epidemische Ausbreitung eingeschränkt werden. In der Konsequenz ging die Impfakzeptanz, die Anfang der 70er Jahre noch etwa 80% betragen hatte, auf weniger als 10% zurück (7). So war ein rasches Wiederauftreten von Pertussis nach Rückgang der Durchimpfungsraten zu erwarten.

Im Gegensatz dazu wurden in der ehemaligen DDR nach Einführung der Pflichtschutzimpfungen im Jahr 1964 mehr als 95% der Kinder geimpft (4). Nach Meinung amerikanischer Experten lief damit – beide deutsche Staaten umfassend – das größte Pertussisexperiment aller Zeiten ab, ohne Prüfung irgendeiner Ethikkommission und mit vorhersagbaren Ergebnissen.

Tatsächlich kam es in der damaligen Bundesrepublik zu einem raschen Anstieg der Erkrankungen: Die geschätzte Zahl der jährlichen Neuerkrankungen – eine Meldepflicht gab es nicht mehr – betrug 80000–100000, d. h. über 180 Erkrankungen pro 100000 Einwohner/Jahr (3, 4). Gemeldet (!) wurden jährlich bis zu 10 Todesfälle (8). Mit diesen Werten lag man wieder auf dem Niveau der 40er Jahre. Dagegen betrug die Pertussismorbidität in der ehemaligen DDR jährlich weniger als 1 pro 100000 Einwohner (4)! Damit war die Wirksamkeit der Schutzimpfung unumstritten.

Jedoch führten die damals ausschließlich zur Verfügung stehenden Ganzkeimimpfstoffe (Pg) gegenüber anderen Impfungen relativ oft zu Impfreaktionen und Nebenwirkungen. Im Vordergrund stehen Lokalreaktionen und Fieber, selten wird auch anhaltendes, vereinzelt schrilles Schreien beobachtet. Sehr selten sind Fieberkrämpfe und hyporesponsive Episoden, wie sie auch bei anderen Impfungen beobachtet werden können (1, 3).

Nachdem einerseits ausgedehnte Untersuchungen keine Hinweise für bleibende neurologische Schäden nach einer Pertussisimpfung ergeben hatten (1, 12), andererseits aber die erschreckende Zunahme von Erkrankungen zum vermehrten Auftreten von schweren Komplikationen führte, entschloß sich die Ständige Impfkommission (STIKO) im Juli 1991 wieder zur allgemeinen Impfempfehlung ohne Altersbeschränkung (13). Die STIKO stellte in ihrer 31. Sitzung fest, daß es »keine Begründung dafür gibt, Säuglingen und Kleinkindern den notwendigen Schutz vor der Pertussis vorzuenthalten« (13). Die Akzeptanz wurde jedoch weiterhin beeinträchtigt durch die bei der Impfung mit Ganzkeimimpfstoffen häufiger auftretenden Impfreaktionen.

Eine neue Ära begann in den 70er Jahren mit der Entwicklung der azellulären Pertussis (Pa)-Impfstoffe. Diese wurden auf Wirksamkeit und Verträglichkeit in großen Studien in Schweden, Italien und Deutschland, Staaten, in denen die Pertussis wegen niedriger Durchimpfungsraten noch grassierte, überprüft (9). Allein in Deutschland nahmen fast 50000 Kinder daran teil.

Allen inzwischen in Deutschland auf Grund dieser Studien zugelassenen azellulären Pertussisimpfstoffen kann man eine ausgezeichnete Verträglichkeit nachsagen. In doppelblind randomisierten Studien wurde Fieber bei der Grundimmunisierung von Säuglingen mit Diphtherie-Tetanus-azellulären Pertussiskombinationen (DTPa) nicht häufiger beobachtet als bei der Impfung mit DT-Impfstoffen allein (2, 5, 9).

Lokale Reaktionen traten mit weniger als 10% sehr selten auf. Auch war die Gabe von DTPa nicht mit einem gehäuften Auftreten von Fieberkrämpfen assoziiert. Schließlich wurden hyporesponsive Episoden nach DTPa-Impfungen seltener als nach DTPg beobachtet. Dabei waren die Schutzraten, die bei diesen Untersuchungen erreicht wurden, mit wenigen Ausnahmen denen der Ganzkeimimpfstoffe vergleichbar (9).

Die Akzeptanz stieg nach der Einführung der azellulären Pertussisimpfstoffe sehr schnell wieder an und beträgt heute nach Hochrechnungen 70–80% (17). Um einen möglichst breiten Schutz zu erreichen, muß die Durchimpfungsrate aber bei mindestens 90–95% liegen (3).

Eine vollständige Impfung bewirkt einen Schutz von etwa 70–90% (1, 8, 9). Aber spätestens 10–12 Jahre nach einer Grundimmunisierung und 20 Jahre nach einer Erkrankung ist der Mensch wieder für eine Infektion empfänglich (3, 18). So stellen Erwachsene ein wichtiges Reservoir für den Erreger dar (18). Eltern, Großeltern sowie das medizinische Personal sind eine potentielle Gefahr für Neugeborene, Säuglinge und Kleinkinder.

Diese Beobachtungen erklären die Forderung, im 6. Lebensjahr eine Auffrischimpfung einzuführen und in naher Zukunft auch Erwachsene regelmäßig zu boostern (TdPa). Schon heute sollten werdende Eltern und Großeltern sowie das medizinische Personal der Kinderkliniken und Geburtshilflichen Abteilungen alle 10 Jahre geimpft werden.

Ein entscheidender Nachteil der Ganzkeimimpfstoffe ist die fehlende »Kontrollierbarkeit« bei der Herstellung: Es gibt keinen im Impfstoff meßbaren Bestandteil, der mit der Protektion korreliert (9). So können sich einzelne Chargen des gleichen Herstellers in der Wirkung sowie in der Verträglichkeit unterscheiden. Es kann daher nicht verwundern, wenn die in den Effektivitätsstudien der azellulären Impfstoffe mitgeführten Ganzkeimimpfstoffe – je nach Hersteller – eine Wirksamkeit zwischen 36% und 97% aufwiesen (9).

Dieses überraschende Studienergebnis könnte eine Erklärung für das vermehrte Auftreten von Keuchhusten bei Geimpften in der holländischen Bevölkerung sein (New Scientist, 11. Oktober 1997). Hier werden bisher ausschließlich Kombinationsimpfstoffe mit einer Ganzkeimvakzine verwendet. Inwieweit allein das Auftreten einer Mutante verantwortlich ist, muß unter diesen Umständen als fraglich angesehen werden; vor allem, da diese bereits zu Beginn der 80er Jahre beobachtet wurde.

Um so wichtiger ist es, auch in Deutschland die Meldepflicht für Pertussiserkrankungen wieder einzuführen. Zumindest sollten Sentinelerhebungen durchgeführt werden.

Der Impfkalender, den die STIKO auf der Basis von epidemiologischen und immunologischen Erkenntnissen empfiehlt, berücksichtigt auch Praktikabilität und Zumutbarkeit. Um die Zahl der Injektionen möglichst gering zu halten, sollen vorzugsweise Kombinationsimpfstoffe verwendet werden (13). Weitere Vorteile sind die bessere Kontrolle der Impfstofflagerung und eine geringere Zuführung von Begleitstoffen, die für Impfreaktionen verantwortlich sein können. Impfantigene allein kommen für anaphylaktische und allergische Reaktionen selten in Frage. Bei einigen Kombinationen kann durch eine Konkurrenz der Antigene eine Beeinflussung der Immunogenität auftreten. Impfstoffe, welche DTPa und Hib-Konjugat enthalten, induzieren gelegentlich signifikant niedrigere Antikörpertiter bestimmter Einzelkomponenten, vor allem gegen das Hib-Antigen (19).

Neuere Untersuchungen sprechen allerdings dafür, daß z. B. Hib-Konjugate in einem Kombinationsimpfstoff DTPa-HBV ein »priming« induzieren, obwohl nur eine verminderte Immunantwort nach der Grundimmunisierung nachweisbar ist. Es konnte gezeigt werden, daß eine Boosterimpfung sogar mit einem unkonjugierten Hib-Antigen im 2. Lebensjahr zu einer starken Immunantwort führt. Danach ist zu erwarten, daß es bei einem Kontakt mit Haemophilus-influenzae-b-Erregern sehr schnell zu einer Proliferartion der antikörperbildenden Zellen kommt (19).

Trotzdem darf die vom Hersteller empfohlene Zahl der Injektionen nicht willkürlich verringert werden. Das gilt besonders für Kombinationsimpfstoffe, die Hib-Komponenten enthalten.

Eltern befürchten oft, daß die »vielen« in Kombinationsimpfstoffen enthaltenen Antigene das kindliche Immunsystem überfordern. Studien, bei denen Kombinationen von 6 und 7 Impfstoffen verabreicht wurden, sprechen für eine gute Verträglichkeit und einen guten Impfschutz. Im Gegensatz zu den vielen »banalen« Infekten in den ersten Lebensjahren, bei denen der Organismus auf eine Vielzahl körperfremder Erregerstrukturen mit zahlreichen »Antikörpern« reagiert, die keine Bedeutung bei der Abwehr haben, sind in den Kombinationsimpfstoffen nur wenige hochgereinigte effektive Antigene enthalten.

Der Impfkalender ist als »roter Faden« für Eltern und Ärzte gedacht. Zeitliche Abweichungen sind möglich. Zeitgerecht, und das heißt mit Vollendung der 8. Lebenswoche, sollte aber vor allem gegen die in den ersten Lebensmonaten schwer verlaufenden Erkrankungen geimpft werden. Das ist neben den Haemophilus-influenzae-Typ-b- (Hib)-Infektionen in erster Linie die Pertussis. Gegen sie wird der Impfschutz mit Hilfe von Totimpfstoffen induziert. Das bedeutet, daß wir zum Aufbau einer belastungsfähigen Immunität 3 Injektionen im Abstand von 4 Wochen brauchen. Beginnen wir mit der Vollendung der 8. Lebenswoche zu impfen, so wird erst im 6. Lebensmonat ein wirksamer Schutz eintreten.

Da in den ersten Lebensmonaten der Keuchhusten besonders schwer verläuft (15), ist es wichtig, eine Ansteckung durch Geschwister, aber auch durch Eltern und sonstige Erwachsene, zu vermeiden.

Die Keuchhustenimpfung ist primär der Versuch, die Kinder selber zu schützen. Sie hat aber auch die Aufgabe, nachfolgende Geschwister und Kontaktkinder vor einer Infektion zu bewahren. Erwachsene haben oft nicht die typischen Hustenanfälle, so daß sie nicht als Ansteckungsquelle erkannt werden (18). Sie sind in der Regel jedoch vorsichtiger im Umgang mit Säuglingen als junge Kinder. Insofern ist die Gefahr, daß ältere Kinder ihre jüngeren Geschwister anstecken, viel größer.

Die Pertussis ist heute noch die zweithäufigste Kinderkrankheit nach den Windpocken. Sie ist für Kinder und für Eltern eine quälende Erkrankung. Komplikationen sind nicht selten. Am häufigsten treten Pneumonien (15–20% aller stationär behandelten Pertussispatienten) und Otitis media als Folgen von Sekundärinfektionen auf (1, 3).

Nach den Angaben der »Erhebungseinheit seltener pädiatrischer Erkrankungen in Deutschland« (6) wurden von November 1993 bis Dezember 1996 in Kinderkrankenhäusern 179 Kinder wegen Pneumonien, 34 wegen beatmungspflichtiger Apnoen, 33 wegen Krampfanfällen und 11 wegen Enzephalopathien behandelt. Eine Untersuchung von Williams u. Mitarb. (16) an 2295 ambulant und stationär betreuten Kindern zeigt die typischen Komplikationen und ihre Häufigkeit (Tab. 1).

Tab. 1
Komplikationsrate bei 2295 ambulant und stationär behandelten Kindern mit Pertussis (16)

Gewichtsverlust	16,8%
Bronchitis	9,8%
Pneumonie	0,8%
Atelektasen	0,3%
Apnoe	1,1%
Konvulsionen	0,6%
Enzephalopathie	0,1%

Bei Säuglingen macht sich in erster Linie ein Gewichtsverlust bemerkbar, da sie aufgrund der Hustenattacken nicht mehr regelmäßig trinken können. Respiratorische Komplikationen treten vorwiegend als Bronchitis auf. Dabei markiert die Keuchhustenbronchitis oft den fließenden Übergang in eine Bronchopneumonie.

Bei knapp 1% aller Kinder mit Keuchhusten treten Bronchopneumonien auf. Die pathophysiologische Grundlage bilden meist obstruktive Atelektasen, wobei die Bronchopneumonien meistens sekundär durch H. influenzae oder Pneumokokken verursacht werden. Da Fieber nicht zur Pertussis gehört, weckt dieses Symptom immer den Verdacht auf eine Sekundärinfektion.

Besonders schwerwiegende Komplikationen manifestieren sich am Zentralnervensystem. So werden Krampfanfälle bei bis zu 4% der Erkrankten (1, 3, 14) beobachtet. Diese dürfen keinesfalls immer als Fieberkrämpfe interpretiert werden, sondern sind eher Ausdruck einer zerebralen Schädigung.

Die schwerstwiegende Folge eines Keuchhustens ist die Enzephalopathie, die mit 0,1–0,5% angegeben wird (1, 3). Hinweise sind Bewußtseinsstörungen und fokale EEG-Veränderungen. Ihre Pathogenese ist bisher ungeklärt.

Bei Säuglingen treten, unabhängig von Hustenattacken, vor allem nachts Apnoen mit hypoxämischen Zuständen auf, die mit einem drastischen Abfall der Sauerstoffkonzentration auf Werte unter 50% einhergehen können (11). Hypoxämische Schädigungen, u. U. auch aufgrund langanhaltender Hustenattacken, ferner metabolische Alkalose sowie Erbrechen und Dehydratationen, könnten eine Rolle bei der Entstehung der Pertussisenzephalopathie spielen.

Die Prognose für diese Kinder ist schlecht: ⅓ der Kinder stirbt, ⅓ behält Dauerschäden zurück.

Die Pertussis ist eine schwerwiegende, potentiell tödliche Erkrankung. Angesichts der gravierenden, klinischen Symptomatik, besonders aber wegen der lebensbedrohlichen Komplikationen, ist allen Eltern mit großer Dringlichkeit anzuraten, ihre Kinder gegen Keuchhusten impfen zu lassen.

Selbst wenn man die postulierten Nebenwirkungen der früher eingesetzten Ganzkeimvakzine gegen den Nutzen der Impfung abwägt, läßt sich als klare Bilanz ziehen, daß der Nutzen einer Keuchhustenschutzimpfung bei weitem überwiegt.

Generell gilt eine allgemeine Impfempfehlung gegen eine Infektionskrankheit dann als gerechtfertigt, wenn die Krankheit häufig ist, wenn ihre Behandlung Probleme macht und wenn sie zu schweren Komplikationen führen kann. Alle diese Kriterien werden vom Keuchhusten eindeutig erfüllt.

Es gibt heute keine Gründe mehr, einem Kind die Pertussisschutzimpfung vorzuenthalten (13).

Literatur

1. American Acedemy of Pediatrics: Pertussis. In: PETER, G. (Hrsg.): 1997 Red Book: Report of the Committee on Infectious Diseases. 24. Aufl., S. 394–408. American Academy of Pediatrics, Elk Grove Village, Illinois 1997.

2. DECKER, M. D. u. K. M. EDWARDS: Report of the nationwide multicenter acellular pertussis trial. Pediatrics **96,** Suppl. (1995).

3. Deutsche Gesellschaft für pädiatrische Infektiologie: Keuchhusten. In: SCHOLZ, H. u. Mitarb. (Hrsg.): DGPI-Handbuch 1997. Infektionen bei Kindern und Jugendlichen, 2. Aufl., S. 357–363. Futuramed, München 1997.

4. DITTMANN, S. u. D. RASCH: Ausgewählte infektiöse und parasitäre Infektionskrankheiten. In: Institut für Medizinische Statistik und Datenverarbeitung: Das Gesundheitswesen – Jahresbericht 1989 für das Gebiet der ehemaligen DDR, S. 91–96. Ärztebuch Verlag, Berlin 1990.

5. GRECO, D. u. Mitarb.: A controlled trial of two acellular vaccines and one whole cell vaccine against pertussis. New Engl. J. Med. **334,** 341–348 (1996).

6. KRIES, R. von: ESPED – Jahresbericht 1996: Komplikationen von Pertussis-Erkrankungen. Mschr. Kinderheilk. **145,** 1233 (1997).

7. LIESENFELD, W. u. C. MIETENS: Katamnestische Erhebungen über den Impfstatus von 7176 Kindern in Bochum. Klin. Pädiatr. **200,** 120–127 (1988).

8. Robert Koch-Institut: Pertussis in Deutschland. Epidemiol. Bulletin 47/96, S. 323–327 (1996).

9. SCHNEEWEISS, B. u. Mitarb.: Neues über Pertussis und Pertussisimpfstoffe. Dt. Ärztebl. **93,** A3270–3276 (1996).

10. SCHMITZ, M. u. Mitarb.: Schätzung zur Pertussisinzidenz am linken Rheinufer. Mschr. Kinderheilk. **142,** 41–44 (1994).

11. SOUTHALL, D. P., M. G. THOMAS u. H. P. LAMPERT: Severe hypoxaemia in pertussis. Archs Dis. Childh. **63,** 598–605 (1988).

12. STEHR, K. u. Mitarb.: Rehabilitation der Pertussisimpfung. pädiat. prax. **47,** 175–183 (1994).

13. Ständige Impfkommission am Robert Koch-Institut: Impfempfehlungen. Stand: März 1997. Dt. Ärztebl. **94,** Heft 26, Supplement (1997).

14. STÜCK, B.: Neuere Möglichkeiten der Impfvorsorge beim Pertussis aus der Sicht des Pädiaters. In: STICKL, H. A. u. Chr. KUNZ (Hrsg.): Moderne Impfungen, S. 39–52. Springer, Berlin 1989.
15. STÜCK, B.: Symptomatik, Diagnostik und Therapie der Pertussis bei Neugeborenen. In: PALITZSCH, D. (Hrsg.): Fragen und Antworten aus der pädiatrischen Praxis, S. 161–163. Marseille, München 1994.
16. WILLIAMS, W. O. u. Mitarb.: Effect of a low pertussis vaccination update on a large community. Br. med. J. **282,** 23–26 (1981).
17. WIRSING VON KÖNIG, C. H.: DTPa in reality – postmarketing experience in Germany. Vortrag Caring for tomorrow, today. 25.10.1996. Barcelona/Spanien.
18. WIRSING VON KÖNIG, C. H. u. Mitarb.: Pertussis in adults: frequency of transmission after household exposure. Lancet **346,** 1326–1329 (1995).
19. ZEPP, F. u. Mitarb.: Evidence for induction of polysaccharide specific B-cell-memory in the 1st year of life: plain Haemophilus influenzae typ b-PRP (Hib) boosters children primed with a tetanus-conjugate Hib-DTPa-HBV combined vaccine. Eur. J. Pediatr. **156,** 18–24 (1997).

Masern-Mumps-Röteln-Impfung

B. Stück, Berlin

Masern, Mumps und Röteln (MMR) werden von vielen Eltern, gelegentlich auch von Ärzten, noch immer als »klassische« Kinderkrankheiten angesehen, die man »durchmachen« muß. Gelegentlich wird ihnen sogar nachgesagt, daß es durch sie »... dem Ich gelingt, sein Wesensgefüge neu zu ordnen und dem Leib zu einem besseren Instrument des eigenen Wollens zu machen« (9).

Sicherlich können Krankheiten u. a. durch die intensive Pflege die Eltern-Kind-Beziehung fördern. Dafür sollten jedoch nicht die vermeidbaren, gefährlichen Kinderkrankheiten wie Masern, Mumps oder Röteln herhalten. Diese verlaufen keineswegs so harmlos wie allgemein angenommen.

Masern

Masern hinterlassen regelmäßig eine transitorische Immunschwäche. Besonders deutlich zeigt sich das bei der zellulären Immunantwort gegenüber Tuberkulin (Tuberkulinanergie, Reaktivation einer Tuberkulose). Auch die Antikörperbildung ist oft supprimiert. Es kommt u. a. zu einer Abnahme der B- und T-Lymphozyten infolge einer Reduktion der T-Helferzellpopulation, die zu verminderten proliferativen Antworten gegenüber Antigenen führt. Ebenso wird eine Verminderung der natürlichen Killerzellaktivität beobachtet (7). Folgen sind bakterielle und virale Begleitkomplikationen (14). Im Kleinkindalter sind es vor allem die bakteriellen Superinfektionen (Bronchopneumonie, Otitis media, Sinusitis paranasalis), die den Einsatz von Antibiotika erforderlich machen.

1950–1970, vor Einführung der Impfung, starben im damaligen Bundesgebiet im Mittel jährlich 194 Kinder und Jugendliche an Masern. 1991–1995 weist die Todesursachenstatistik des Statistischen Bundesamtes insgesamt immer noch 27 Todesfälle an Masern aus (23).

Heute fürchten wir virusbedingte Schäden (Masernpneumonie, Masernenzephalitis, subakute sklerosierende Enzephalitis) besonders bei älteren Kindern und Jugendlichen. Vor allem die Masernenzephalitis zeigt eine Altersabhängigkeit. Während bei Kleinkindern nur eines von etwa 15000 masernerkrankten Kindern eine Enzephalitis erleidet, steigt die Komplikationsrate im 2. Lebensjahrzehnt auf 1/1000 und höher an (5, 24, 27). Dies unterstützt die Hypothese, daß es sich bei der Masernenzephalitis um einen autoimmunologischen Prozeß handelt (7, 11).

Bei etwa 60% der Kinder heilt die Enzephalitis folgenlos aus, etwa 25% tragen Dauerschäden davon, und 15% der Betroffenen sterben (7, 11, 24). Dagegen geht die subakute sklerosierende Panenzephalitis (SSPE) immer letal aus. Mit einer Häufigkeit von 1 SSPE auf etwa 1 Million Maserninfektionen ist sie eine sehr seltene Komplikation, führt aber häufig zu einem jahrelangen Siechtum. Sie tritt erst Jahre nach der akuten Infektion auf. Kinder, die bereits im frühen Alter an Masern erkranken, sind anscheinend besonders gefährdet (11).

Der Masernimpfung wird oft ein ungenügender Schutz oder ein Nachlassen mit zunehmendem Abstand von der Impfung nachgesagt – und damit die Verschiebung der Erkrankung in das höhere Lebensalter befürchtet. Als Beispiel werden die epidemiologischen Daten der USA herangezogen. Noch 1963 erkrankten in den USA jährlich zwischen 500000 und 700000 Menschen. Nach Einführung der Impfung ging die Morbidität drastisch zurück und betrug in den 80er Jahren etwa 5000/Jahr.

1991 kam es plötzlich zu einem Anstieg auf 27672 Erkrankungen. 61% aller Masernerkrankungen registrierte man in Kalifornien und Texas, überwiegend in Großstädten, bei Kindern bis zu 5 Jahren. 81,4% der Erkrankten waren nicht geimpft. 89 Menschen starben, 81 von ihnen waren nicht geimpft (5). Nach dem Motto »no vaccination – no school« war überwiegend erst im Vorschulalter geimpft worden, in den Slumgebieten oft überhaupt nicht. Durch eine Intensivierung der staatlichen Impfprogramme konnten die Masernausbrüche jedoch schnell eingedämmt werden: 1992 erkrankten nur noch etwa 2000 Menschen (6).

In den folgenden Jahren wurden den Centers for Disease Control 312, 963, 309, 438 und schließlich 1997 nur noch 133 Erkrankungen gemeldet. Die zahlreichen importierten Erkrankungen, die in früheren Jahren überwiegend aus Südamerika kamen, kommen heute aus Japan, Deutschland, Frankreich, Italien und anderen europäischen Ländern (15).

Es ist nicht verwunderlich, daß auch Geimpfte erkranken. Bei 5–7% tritt nach der 1. Impfung keine oder nur eine sehr schwache Immunantwort gegen mindestens eine der 3 Viruskomponenten auf. Ursache eines solchen primären Impfversagens ist eine Reduzierung der vermehrungsfähigen Impfviren überwiegend durch eine Unterbrechung der Kühlkette, seltener durch noch vorhandene mütterliche Antikörper oder vorangegangene Immunglobulingaben und noch seltener durch eine Interferenz bei hochfieberhaften Virusinfekten.

Die Thermolabilität macht sich vor allem beim Mumpsimpfstoff bemerkbar. Die 2. Masern-Mumps-Röteln-Impfung wurde wegen der Möglichkeit eines primären Impfversagens eingeführt, weniger wegen eines Nachlassens der Immunität (sekundäres Impfversagen). Zahlreiche Untersuchungen zeigen, daß bei einer Serokonversion die Masern-Mumps-Röteln-Impfung zu einem langanhaltenden Schutz führt (3, 8, 17, 18). Auch wenn es zu einem Absinken des Antikörpergehaltes kommt, bleibt der Schutz erhalten. Sekundäre Impfversager treten in kontrollierten Studien bei weniger als 1% der erfolgreich Geimpften auf (2).

Bisher ist nicht bekannt, ob ein regelmäßiger Kontakt mit den Wildviren zur Aufrechterhaltung der Immunität nach einer

Impfung erforderlich ist. Einzelbeobachtungen sprechen dafür, daß auch nach langjährigem Ausbleiben von Masernerkrankungen ein solcher Schutz erhalten bleibt (4) – so auf einer Insel der Republik Palau im Pazifischen Ozean (10). Hier traten die letzten Masernerkrankungen 1966 auf. 1993 wurde das Wildvirus durch einen japanischen Touristen eingeschleppt. Von 78 sekundären Haushaltskontakten erkrankten 4 von 5, die nicht geimpft waren, 4 von 35, die e i n e Impfung und keiner von 38 Personen, die m e h r a l s e i n e Impfung erhalten hatten. Dabei lagen die Impftermine zum Teil länger als 15 Jahre zurück.

In Deutschland werden etwa 70–75% der Kinder einmal gegen Masern, Mumps und Röteln geimpft. Eine 2. Impfung erhalten aber nur zirka 20% (8). Die hohe Zahl der Nichtgeimpften zusammen mit der kleinen Zahl der primären Impfversager führt innerhalb weniger Jahre zu einem Anwachsen der Ungeschützten, so daß es immer wieder zu Masernausbrüchen kommt. Nach Meldungen aus einzelnen Bundesländern sind im 1. Halbjahr 1996 mehr als 80 000 Menschen an Masern erkrankt (Nationales Referenzzentrum für Masern, Mumps, Röteln am Robert Koch-Institut).

Mumps

Mumps führt vor allem bei Jugendlichen und Erwachsenen zu Komplikationen, wie z. B. Orchitis, Oophoritis, Pankreatitis und sehr selten zur Enzephalitis. Meningeale Symptome können in bis zu 10%, Liquorpleozytosen in bis zu 50% auftreten. Mit Ausnahme der Enzephalitis bleiben diese Komplikationen normalerweise ohne Folgen. Schwerwiegend kann eine Innenohrschwerhörigkeit aufgrund einer Akustikusneuritis sein. Sie betrifft meist den Hoch-, seltener den Mittel- und Tieftonbereich.

Da Hörstörungen bei Mumps bei 80% der Patienten nur einseitig auftreten und ohne meningeale Erscheinungen oder Gleichgewichtsstörungen einhergehen können, werden sie oft erst im Schulalter entdeckt (25). Die Häufigkeit einer bleibenden ein- oder beidseitigen Taubheit nach Mumps wird mit 0,05–5‰ angegeben. Etwa 5% von im Kindesalter auftretender Taubheit sollen Folge einer Mumpsmeningoenzephalitis sein (25).

In einer prospektiven Studie bei finnischen Soldaten mit Mumps wurde bei etwa 4% eine Hörstörung diagnostiziert, 5 von 100 000 blieben taub (26). Aus den USA wurde mehrfach über das gehäufte Auftreten von Mumpsinfektionen in nicht geschützten Populationen von Erwachsenen am Arbeitsplatz berichtet, so bei Bankern in Chicago (1).

Röteln

Völlig unverständlich ist die schlechte Akzeptanz der Rötelnimpfung, vor allem im frühen Kindesalter. Auch unter Berücksichtigung regionaler Unterschiede liegen die Durchimpfungsraten bei Schulanfängern 10–15% unter denen der Masern- und Mumpsimpfung. Als ein Argument gegen eine Impfung im frühen Kindesalter und Impfung der Knaben mit dem Ziel der Ausrottung einheimischer Röteln wird angeführt, daß eine Wildvirusinfektion einen besseren und länger anhaltenden Schutz hinterläßt (12).

Hochrechnungen aufgrund der in Niedersachsen 1987–1989 erfaßten Erkrankungen sprechen dafür, daß in den alten Bundesländern jährlich bis zu 43 000 Rötelnerkrankungen aufgetreten sind (16). Diese sind ein Reservoir für nicht geschützte Frauen und Schwangere, vor allem, wenn nur e i n e präpuberale Impfung – wie in Österreich – empfohlen wird (12). Auch nach Einführung der sehr wirksamen RA 27/3-Komponente ist mit einer primären Impfversagerrate von mindestens 2,5% zu rechnen.

Die postpuberale Überprüfung der Rötelnantikörper – besonders bei Beginn der Schwangerschaft – kommt zu spät. Dies zeigt eine Perinatalstudie der Ärztekammer Westfalen-Lippe aud dem Jahr 1989, in der von 84661 untersuchten Schwangeren 4,7% keine ausreichende Rötelnimmunität aufwiesen (16).

Rötelnembryopathien sind nach dem Bundesseuchengesetz meldepflichtig. Die in den ersten Lebensmonaten nicht immer bestehende charakteristische Symptomatik führt jedoch in Zusammenhang mit einer schlechten Meldedisziplin zu einem hohen »underreporting«. So wurden in der bereits zitierten Studie im Jahr 1988 5 gesicherte und 5 fragliche Rötelnembryopathien beobachtet. Danach muß man von 1 Rötelnembryopathie auf 10000 Geburten ausgehen (16).

Da sich das Immunitätsniveau in Deutschland in den letzten Jahren nicht wesentlich gebessert hat, ist noch immer von etwa 100 Rötelnembryopathien/Jahr auszugehen (8). Unberücksichtigt hierbei bleiben die wegen einer mütterlichen Rötelninfektion unterbrochenen Schwangerschaften.

Auch postnatale Röteln verlaufen nicht immer harmlos (21). Bei Jugendlichen können neurologische Komplikationen (Enzephalitis, Myelitis, Optikusneuritis) in einer Häufigkeit von 1:5000 bis 1:6000 auftreten (7, 21). Für Deutschland wurde eine Enzephalitisrate von 1:20000 angegeben (25).

Verträglichkeit der MMR-Impfstoffe

Die Verträglichkeit der MMR-Impfstoffe ist gut (19, 20, 22). In einer doppelblinden, plazebokontrollierten Studie an 581 finnischen Zwillingspaaren (crossover) wurden zu 4% lokale oder systemische Reaktionen beobachtet. Eine Assoziation zur MMR-Impfung fand sich nur für das Auftreten von Symptomen der »Impfkrankheit« wie Konjunktivitis, Exanthem und hohes Fieber. Übelkeit, Erbrechen oder respiratorische Infekte traten in der Plazebogruppe sogar häufiger auf (19, 20).

Die häufigste Komplikation, die auf eine MMR-Impfung zurückzuführen ist und zur Hospitalisierung führen kann, ist eine akute thrombozytopenische Purpura. Die Inzidenz wird mit 3,3 pro 100000 Impflinge angegeben (19) und liegt damit unter der bei einer Erkrankung an Masern oder Röteln.

Gelegentlich ist auch in Zusammenhang mit einer MMR-Impfung über das Auftreten einer Enzephalitis oder Enzephalopathie berichtet worden. Die beobachtete Häufigkeit von 1 auf 1 Million Impfungen liegt dabei aber deutlich unter der Inzidenz von Enzephalitiden unbekannter Genese, so daß hier kein Kausalzusammenhang angenommen werden kann (22).

Gelegentlich treten nach einer Rötelnimpfung Arthralgien auf, die mit zunehmendem Alter der Impflinge häufiger und intensiver sein können. Selten werden protrahierte, nicht jedoch chronische Verläufe beobachtet (22). Hinweise, daß eine Mumpsimpfung einen Diabetes mellitus Typ I auslösen kann, gibt es nicht.

Allergien in Form lokaler Reaktionen oder als Urtikaria treten sehr selten, anaphylaktische Reaktionen extrem selten auf. Letztere sind seit der Einführung eines Meldesystems in den USA bei mehr als 70 Millionen abgegebenen Dosen nur 33mal berichtet worden. Vor allem ist eine bestehende Hühnereiweißallergie keine Gegenindikation (19). Masern- und Mumpsimpfviren werden auf Hühnerfibroblastenkulturen, das Rötelnimpfvirus auf humanen diploiden Zellen gezüchtet. Hühnerfibroblasten haben keine Antigenverwandtschaft mit Hühnereiweiß.

Eliminierung von Masern-, Mumps- und Rötelnviren ist möglich

Daß diese Eliminierung aus einer Population möglich ist, haben uns die nordischen Länder, aber auch England mit seiner sehr viel höheren Bevölkerungsdichte, gezeigt. Aufgrund hoher Durchimpfungsraten – ohne Zwangsimpfung, aber mit einer für Prophylaxemaßnahmen sehr aufgeschlossenen Bevölkerung – treten hier jährlich weniger als 20 Erkrankungen an Masern, Mumps und Röteln auf. Sie werden zunehmend eingeschleppt (19).

Im Vergleich zu vielen anderen europäischen Ländern schneidet Deutschland bei der Bekämpfung der Masern, Mumps und Röteln sehr schlecht ab. Bei einer Strategie des »doppelt impfen« liegen die Durchimpfungsraten in den zuvor genannten Ländern höher als 90%. In Deutschland werden maximal 70% der Kinder e i n m a l geimpft.

Bei einer so schlechten Akzeptanz werden wir die einheimischen Masern-, Mumps- oder Rötelnviren nie ausrotten. Dabei besteht die Gefahr, daß sie aufgrund unserer veränderten Lebensverhältnisse (Einkindfamilie, kleine Kindergruppen, Leben außerhalb der Großstadt, bessere hygienische Verhältnisse) immer später auftreten (13). Das gilt auch für Krankheiten, gegen die wir nur ausnahmsweise impfen, wie z. B. Varizellen.

Länder mit niedrigen Morbiditätsraten fürchten inzwischen die Einschleppung durch Touristen (19). Das Regionalbüro Europa der WHO fordert deshalb auch von Deutschland:

1. Durchimpfungsraten von 95% bei 2jährigen Kindern;
2. etablierte Meldesysteme für Impfungen und Erkrankungen;
3. serologische Surveillanceuntersuchungen.

Literatur

1. AHRENS, M. u. Mitarb.: Mumps in the Workplace – Chicago. Morb. Mort. Weekly Rep. **37,** 533–538 (1988).

2. ANDERS, J. F. u. Mitarb.: Secondary failure rates of measles vaccines: a metaanalysis of published studies. Pediatr. Infect. Dis. J. **15,** 62–66 (1996).

3. BIN, D. u. Mitarb.: Duration of immunity following immunization with live measles vaccine: 15 years of observation in Zhejiang province, China. Bull. Wld Hlth Org. **69,** 415–423 (1991).

4. BROWN, P., D. C. GAJDUSEK u. T. TSAI: Persistence of measles antibody in the absence of circulation natural virus five years after immunization of an isolated virgin population with Edmonston B vaccine. Am. J. Epidem. **90,** 514–518 (1969).

5. Centers for Disease Control: Measles – United States, 1990. Morb. Mort. Weekly Rep. **40,** 369–372 (1991).

6. Centers for Disease Control: Measles – United States, 1992. Morb. Mort. Weekly Rep. **42,** 378–381 (1993).

7. CHERRY, J. D.: Measles. In: FEIGIN, R. D. u. J. D. CHERRY (Hrsg.): Textbook of Pediatric Infectious Diseases. Saunders, Philadelphia 1992.

8. GERIKE, E.: Epidemiologie – Masern, Mumps, Röteln. In: LEY, S. u. B. STÜCK (Hrsg.): Masern-Mumps-Röteln. Kilian, Marburg 1995.

9. GOEBEL, W. u. M. GLÖCKLER: Kindersprechstunde. Urachhaus, Stuttgart 1995.

10. GÜRIS, D. u. Mitarb.: Measles vaccine effectiveness and duration of vaccine-induced immunity in the absence of boosting from exposure to measles virus. Pediatr. Infect. Dis. J. **15,** 1082–1086 (1996).

11. HOPPEN, Th., G. JACOBI u. W. SCHLOTE: Zentralnervöse Früh- und Spätkomplikationen durch das Masernvirus im klinisch-morphologischen Vergleich. pädiat. prax. **52,** 693–704 (1997).

12. HUBER, E. G.: Rötelnimpfung. Kinderarzt. **23,** 1337–1338 (1992).

13. HÜLSSE, C.: Masern, Mumps, Röteln: Verschiebung in das höhere Alter. Die gelben Hefte **37,** 26–36 (1997).

14. JACKMANN, G.-M. u. U. TÖLLNER: Masern – eine vergessene Erkrankung und ihre Komplikationen. pädiat. prax. **44,** 251–255 (1992).

15. KATZ, S. L.: Commentary: the disappearance of indigenous measles in the United States. Pediatr. Infect. Dis. J. **17,** 366–367 (1998).

16. MAASS, G.: Argumente für die Masern-Mumps-Röteln-Wiederimpfung – Impfbeteiligung und deren Problematik. In: LEY, S. u. B. STÜCK (Hrsg.): Masern-Mumps-Röteln. Kilian, Marburg 1995.

17. MARKOWITZ, L. E. u. Mitarb.: Duration of live measles vaccine-induced immunity. Pedriatr. Infect. Dis. J. **9,** 101–110 (1990).

18. MATHIAS, R. G. u. Mitarb.: The role of secondary vaccine failures in measles outbreakes. Am. J. Publ. Health **79,** 475–484 (1989).

19. PELTOLA, H.: Masern, Mumps, Röteln: Eradikation in Finnland. Die gelben Hefte **36,** 8–14 (1996).

20. PELTOLA, H. u. O. HEINONEN: Frequency of true adverse reactions to measles-mumps-rubella vaccine. Lancet **1986/I,** 939–942.
21. PISTERNICK, D. u. Mitarb.: Fulminant verlaufende Rötelnenzephalitis mit letalem Ausgang. Mschr. Kinderheilk. **145,** 105–108 (1997).
22. QUAST, U., W. THILO u. R. FESCHAREK: Impfreaktionen. Hippokrates, Stuttgart 1993.
23. Robert Koch-Institut: Zur Masernsituation in Deutschland. Epidemiol. Bull. Heft 46, 316–318 (1996).
24. SCHAAD, U. B.: Pädiatrische Infektiologie, 2. Aufl. Marseille, München 1997.
25. STEHR, K.: Mumps. In: BACHMANN, K. D. u. Mitarb. (Hrsg.): Pädiatrie in Praxis und Klinik, Bd. II. Fischer und Thieme, Stuttgart 1989.
26. VUORI, M., E. A. LAHIKAINEN u. T. PELTONEN: Perspective deafness in connection with mumps. A study of 298 servicemen suffering from mumps. Acta otolar. **55,** 231–236 (1962).
27. WINDORFER, A. u. Mitarb.: Vorkommen zentralnervöser Infektionen im Kindesalter: Erhebungen in Bayern und Niedersachsen für die Jahre von 1980–1992. Mschr. Kinderheilk. **145,** 50–59 (1997).

Poliomyelitis

F. C. SITZMANN, Homburg/Saar

Epidemiologie

In den Jahren 1950–1960 registrierte man in Deutschland zwischen 3000 und 9500 Poliomyelitiserkrankungen/Jahr, also Erkrankungen mit mehr oder minder schweren Lähmungen, die sich nur selten vollkommen zurückbilden, so daß die Betroffenen – meist Kinder und Jugendliche – zeitlebens in ihrer motorischen Aktivität zum Teil erheblich beeinträchtigt bleiben, mit allen Konsequenzen für das weitere Leben. Die Zahl der Todesfälle in diesem Jahrzehnt schwankte zwischen 160 und 730/Jahr.

Diese epidemiologische Situation änderte sich sehr rasch zum Positiven mit Einführung der Poliomyelitisimpfung nach SALK (inaktivierte Vakzine), die in den späten 50er Jahren in Deutschland zum Einsatz kam, und noch drastischer gingen die Poliomyelitiserkrankungen nach Einführung der Schluckimpfung nach SABIN (abgeschwächte lebende Erreger) etwa ab 1960 zurück. In den Jahren 1964–1968 traten jedoch noch zahlreiche Erkrankungen auf (jährlich durchschnittlich 60 gemeldete Poliomyelitiden). Dann allerdings nahmen die Poliomyelitiserkrankungen rasch kontinuierlich ab (9).

Zwischen 1975 und 1977 waren nochmals einige Neuerkrankungen gemeldet worden; es handelte sich um »eingeschleppte« Erkrankungen und nicht um autochthone Poliomyelitiden sowie um 2 Impfpoliomyelitiden (davon 1 Patient mit Störung in der Immunabwehr) (9, 10).

Die letzten autochthonen 14 Poliomyelitiserkrankungen bei deutschen Kindern kamen 1978–1982 vor, die am häufigsten durch Typ I verursacht waren. 6 Erkrankungen galten als importiert (Kolumbien, Nepal, Türkei, Tunesien und Syrien). Die Durchimpfungsrate bei Kleinkindern und Säuglingen lag damals bei etwa 80%.

In den USA ist seit 1980 keine autochthone Poliomyelitis mit Wildviren bekanntgeworden. 5 Erkrankungen waren importiert. 1993 kam es in den Niederlanden zu einer Polioepidemie mit 24 Erkrankungen und einem Todesfall bei 68 nicht gegen Poliomyelitis geimpften infizierten Menschen. Es handelte sich um eine Gemeinde orthodoxer Calvinisten, die sich und ihre Kinder nicht impfen ließen. Die Erkrankungen traten im Alter von unter 1 Jahr bis zu 40 Jahren auf, bei allen durch den Typ III hervorgerufen. Von April bis September 1996 wurden aus Albanien 66 paralytische Poliomyelitiden gemeldet, 11% mit letalem Ausgang. 70% der Erkrankten waren 10–30 Jahre alt, 7 erkrankte Kinder waren jünger als 10 Jahre (0–9 Jahre).

Immunitätslage

Antikörperbestimmungen in Deutschland aus dem Jahr 1993 ergaben eine Immunisierungsrate von etwa 73%, d. h. es müssen große Anstrengungen unternommen werden, um ein weiteres Absinken (unter 70%) zu verhindern, bzw. die Durchimpfungsrate muß deutlich angehoben werden, da sonst keine Herdimmunität mehr gegeben ist und früher oder später wieder Poliomyelitiden mit Lokalepidemien auftreten können.

In Deutschland wird zwar die Zahl der Impfungen gegen Poliomyelitis nicht zentral erfaßt, jedoch ist davon auszugehen, daß doch über 90% der K i n d e r heute gegen Polio geimpft werden. Dies wird auch durch neueste Untersuchungen des Nationalen Referenzzentrums für Poliomyelitis und Enteroviren bestätigt. Antikörper gegen Typ I und II weisen über 90% der Probanden auf, gegen Typ III sind es nur 79%.

Bei Erwachsenen hat die Antikörperbestimmung allerdings ein erschreckendes Ergebnis gebracht: Unter den 20–30jährigen waren 39,8% geschützt, unter den 30–40jährigen 26,7%, die 40–60jährigen kamen auf 17,4%, die über 60jährigen nur noch auf 10,9% (2).

Die Länder der amerikanischen Weltregion der WHO wurden im September 1994 als »frei von Poliowildvirus« erklärt (Wkly epidem. Rec. **69,** 293–295, 1994).

Impfassoziierte Poliomyelitiden

Nach der starken Reduzierung der Wildviruspolioinfektionen und -erkrankungen bzw. der Eradikation der Poliomyelitis in den meisten zivilisierten Ländern wurden immer wieder vakzineassoziierte paralytische Poliomyelitiden (VAPP) nach der oralen Impfung publiziert. Die vakzineassoziierte paralytische Poliomyelitis wird definiert als eine klinisch manifeste Poliomyelitis, die 7–30 Tage post vaccinationem beim Impfling bzw. 7–60 Tage bei Kontaktpersonen auftritt und deren Krankheitsbild länger als 6 Wochen bestehen bleibt.

Zur Häufigkeit dieser impfassoziierten Poliomyelitis finden sich in der Literatur unterschiedliche Angaben. So wurde nach einer WHO-Untersuchung mit Erhebungen über 10 Jahre in 6 Ländern das Risiko einer Impfschädigung nach oraler Vakzination mit 1 paralytischen Erkrankung pro 6,7 Millionen Impfdosen bei Impflingen festgestellt und pro 5 Millionen Impfdosen bei Kontaktpersonen des Impflings (4). In den USA wurden von 1980–1994 125 vakzineassoziierte paralytische Poliomyelitiden (etwa 8/Jahr) gemeldet: 72 bei Impflingen und 53 bei Kontaktpersonen des Impflings. 37% davon traten bei immunologisch gesunden Kontaktpersonen auf, 39% bei immunologisch gesunden Impflingen, 24% bei immunologisch beeinträchtigten Impflingen oder Kontaktpersonen.

Die vakzineassoziierte paralytische Poliomyelitis wird am häufigsten nach der 1. Impfung mit oralen Poliovakzinen (OPV), mit etwa 1:700000 bis 1:800000 bei Kindern (Centers for Disease Control) beobachtet. Nach weiteren OPV-Impfdosen liegt die Häufigkeit bei 1:18 Millionen für jede Kontaktperson des Impflings. In einer neueren Analyse (5) wird eine Häufigkeit für alle, die erstmals OPV erhalten (sowohl immunologisch Gesunde als auch solche mit immunologischen Erkrankungen) mit 1:1,2 Millionen angegeben.

In den Jahren 1977–1990 waren unter 101 in Deutschland gemeldeten Poliomyelitiserkrankungen (63 davon importiert) 19 Erkrankungen vakzineassoziiert (4).

Änderung der Impfstrategie

Wegen der vakzineassoziierten paralytischen Poliomyelitis wurde auch in Deutschland auf den inaktivierten Polioimpfstoff (IPV) umgestellt, der nur eine individuelle humorale Immunität erzeugt. Die primäre Impfung mit 4 Impfdosen führt zu einer Immunität bei >95% der Geimpften gegen alle 3 Typen des Wildvirus. IPV-Geimpfte, die sich mit Wildviren infizieren, können diese im Stuhl ausscheiden, da keine Mukosaimmunität besteht. Postvakzinale Lähmungen mit diesem Impfstoff sind ebensowenig beobachtet worden wie mit dem neueren »enhanced potency IPV = e-IPV«. Mit letzterem wird schon nach 2 Dosen eine Serokonversion von 99–100% gegenüber allen 3 Typen erzeugt.

Die Umstellung auf IPV konnte aber erst dann empfohlen und in die Praxis umgesetzt werden, als Kombinationsimpfstoffe (z. B. *Pentavac* oder *Infanrix-IPV + Hib)* zur Verfügung standen und damit die Kinder nicht mehrere Injektionen über sich ergehen lassen mußten. Eine sequentielle Polioimpfung wie in den USA (zuerst IPV, dann OPV), ist für Deutschland nicht empfohlen worden.

Bei uns wird die Polioimpfung nur mit dem inaktivierten Impfstoff nach Salk (Virelon C) vorgenommen, wie dies in anderen Ländern Europas schon gehandhabt wird (Finnland, Frankreich, Island, Niederlande, Norwegen, Schweden). In den USA werden alle möglichen Impfschemata angeboten, also alleinige IPV, alleinige OPV und sequentielle Impfung mit IPV und nachfolgend OPV.

Eradikation der Poliomyelitis

Die WHO hat eine »Operation MECACAR« (Mediterranean, Caucasian, Central Asian Republics) ins Leben gerufen, um gerade in diesen Ländern die Poliomyelitis zu eradizieren, zumal auch von dort immer wieder Wildviren in bereits poliofreie Länder eingeschleppt werden. Diese Operation wird u. a. von der UNICEF unterstützt. Ebenso gibt es für Südostasien und den mittleren Osten derartige Maßnahmen (Eastern Mediterranean Region of WHO, EMRO), die bei sog. »National Immunization Days« Massenimpfungen innerhalb von wenigen Tagen oder Wochen mit 2 Dosen OPV (im Abstand von 4–6 Wochen) an allen Kindern <5 Jahren vornimmt, unabhängig von früher bereits verabreichten Oralimpfungen.

Diese Maßnahmen waren sehr erfolgreich. In vielen dieser Länder wurden 99–100% der Kinder erfaßt, und zwar für beide Impftermine. In der »European Region of WHO« (EURO) mit Einschluß von Zentralasien konnten 46 Millionen Kinder unter 5 Jahren geimpft werden, was einer Erfassung von 92–99% entspricht. Die Erfolge kristallisieren sich bereits deutlich heraus (Tab. 1).

Unter den 50 Ländern, die in EURO zusammengeschlossen sind und gemeinsam (außer Bulgarien) Strategien zur Polioeradikation ausarbeiten und schließlich umsetzen, meldeten 1996 nur noch 4 Länder (Albanien, Rußland, Türkei, Ukraine) Polioerkrankungen.

Durch die Einführung der »National Immunization days« (NIDS) werden in vielen Ländern Massenimpfungen gegen Poliomyelitis durchgeführt. Dabei wurden im Jahr 1996 annähernd 419 Millionen Kin-

1988	35251
1990	23484
1992	14777
1994	8635
1995	7024
1996	4074
1997	4274

Tab. 1
Rückgang der Poliowildvirus-erkrankungen (weltweit)
(Prof. Dr. S. DITTMANN, WHO Regionalbüro für Europa, Kopenhagen)

der unter 5 Jahren gegen Polio geimpft; 82 Länder nahmen 1996 an diesen Aktionen teil. In Afrika (außer Kongo) sind jetzt ebenfalls derartige »Immunization days« geplant. Schon die bisherigen Impfaktionen haben eine deutliche Verbesserung der Durchimpfungsraten in der afrikanischen Region der WHO ergeben: 1988: 32%; 1995: 58%; 1996: 60%.

Im Mittel beträgt die Durchimpfungsrate bei Kindern unter 1 Jahr in allen WHO-Regionen derzeit 81% (mit 3 oralen Impfdosen); 1995 lag sie bei 83%. Im Dezember 1996 und Januar 1997 hat man in der Südostasienregion, in der westpazifischen Region und in Pakistan 257 Millionen Kinder unter 5 Jahren gegen Polio geimpft.

1996 wurden weltweit 3997 Polioerkrankungen bekannt, 1995 waren es 7032 Erkrankungen (Rückgang um 43%). 155 Länder meldeten keine Erkrankung mehr, 18 Länder 1–10 und 27 Länder noch über 10 Erkrankungen.

Der Poliomyelitisausbruch in Albanien, Jugoslawien (Kosovo 24 Erkrankungen) und Griechenland (4 Erkrankungen) zeigt deutlich, wie in Ländern, die bis vor kurzem noch als poliofrei galten, derartige Erkrankungen rasch wieder auftreten können, wenn die Durchimpfung der Bevölkerung nicht optimal ist oder Subpopulationen (vor allem Kinder) inadäquat geimpft werden.

Insgesamt ist erfreulicherweise ein weiterer kontinuierlicher Rückgang der Poliomyelitiserkrankungen in allen Ländern, die in diesen Organisationen zusammengeschlossen sind, festzustellen, so daß die berechtigte Hoffnung besteht, die Poliomyelitis, wie vor einem Jahrzehnt die Pokken, auszurotten.

Literatur

1. American Academy of Pediatrics; Committee on Infectious Diseases: Poliomyelitis Prevention: Recommandation for use of Inactivated Poliovirus vaccine and live oral Poliovirus vaccine. Pediatrics **99,** 300–305 (1997).

2. HAMMER, Kl., M. ROTHKOPF-ISCHEBECK u. M. MEIXNER: Aktuelle Impfstatuserhebung für Tetanus, Diphtherie und Poliomyelitis bei Erwachsenen. Info Robert Koch-Institut I, 35–37 (1997).

3. MAASS, G.: Aufklärung von Eltern über eigene Polioimpfung oder Auffrischimpfung bei Polioimpfung ihres Säuglings. pädiat. prax. **51,** 407–408 (1996).

4. MAASS, G.: Impfpoliomyelitis. pädiat. prax. **51,** 410–411 (1996).

5. Paralytic Poliomyelitis – United States 1980–1994. Morb. Mort. Weekly Rep. **46,** 79–83 (1997).

6. Progress toward Poliomyelitis Eradication – Africa 1996. Morb. Mort. Weekly Rep. **46,** 321–325 (1997).

7. Progress toward global Eradication of Poliomyelitis 1996. Morb. Mort. Weekly Rep. **46,** 579–584 (1997).

8. STREBEL, P. M. u. Mitarb.: Epidemology of Poliomyelitis in the United States one Decade after the last Reported Case of indigenous wild virus associated Disease. Clin. Infect. Dis. **14,** 568–579 (1992).

9. WEISE, H.-J. u. H.-Ph. PÖHN: Epidemiologie der Poliomyelitis in der Bundesrepublik Deutschland und Berlin (West) 1978–1982. Münch. med. Wschr. **126,** 269–274 (1984).

10. WINDORFER, A.: Die Poliomyelitis als »Einschlepp-Krankheit«. Dt. med. Wschr. **109,** 151–153 (1984).

Hib-Impfung

H. Isenberg, Darmstadt

Haemophilus influenzae Typ b war vor Einführung der konjugierten Impfstoffe in Westeuropa mit 34% Ursache der häufigsten invasiven bakteriellen Erkrankungen bei Kindern bis zum vollendeten 5. Lebensjahr. Er war verantwortlich für 50–60% aller eitrigen Hirnhautentzündungen. Die Hib-Meningitis hat einen Anteil von 40–70% an allen systemischen Hib-Infektionen mit einem Inzidenzalter von 3–24 Monaten. Die Hib-Meningitis wurde zur häufigsten Ursache für erworbene und bleibende neurologische Schäden. Ihre Letalität lag zwischen 3 und 8% (12). Bleibende neurologische Schäden beobachtete man bei 20–35% der Patienten; Hörstörungen waren bei 5–20% zu erwarten (12).

Die Epiglottitis hat einen Anteil von 23–40% an allen Hib-bedingten Erkrankungen. Sie trat zu 80% zwischen dem 2. und 4. Lebensjahr auf. Die übrigen invasiven Erkrankungen, wie Osteomyelitis, Orbitalphlegmone, Pyelonephritis, Sepsis, Pneumonie und Mittelohrentzündung haben einen Anteil von 5–25%. Sie hatten keinen Altersschwerpunkt.

Epidemiologische Daten vor Einführung der Impfung

Deutschland (alte Bundesländer)

Haemophilus-influenzae-bedingte Erkrankungen sind in Deutschland nicht meldepflichtig. Nach Krankenhausumfragen und unter Berücksichtigung von Publikationen ergab sich für das Jahr 1989 in den alten Bundesländern eine Inzidenz von etwa 46–50 Erkrankungen pro 100 000 Kinder für systemische Haemophilus-influenzae-Infektionen vor dem vollendeten 5. Lebensjahr. So traten jedes Jahr vor Einführung der Impfung 1500–2000 Erkrankungen auf. Nach amerikanischen Studien waren 94–96% der Erkrankungen durch den Serotyp b verursacht (12).

Europa und die USA

Die Meningitis ist die einzige der vielen Hib-Erkrankungen, welche wissenschaftlich gut dokumentiert ist. In den USA betrug die Inzidenz der Hib-Meningitis 19–69 pro 100000 Kinder vor dem vollendeten 5. Lebensjahr. Die Rate war damit im Durchschnitt 2–3mal höher als in Europa, wo sie zwischen 20 und 30 pro 100000 Kinder vor dem vollendeten 5. Lebensjahr betrug. In den osteuropäischen Ländern – einschließlich der ehemaligen DDR und Österreich – betrug die Hib-Meningitis-Inzidenz nur 8–10 pro 100000 Kinder vor dem vollendeten 5. Lebensjahr. Hier verursachten die Meningokokken die meisten bakteriellen Meningitiden (12, 13).

Für die Inzidenz der Epiglottitis liegen Zahlen aus der Schweiz und aus Schweden vor (5, 9). Mit 28 pro 100000 Kindern vor dem vollendeten 5. Lebensjahr hatte Schweden für die Epiglottitis eine höhere Inzidenzrate als für die Hib-Meningitis (3). Allgemein schätzt man die Inzidenzrate in den zivilisierten Ländern für die Epiglottitis vor dem vollendeten 5. Lebensjahr auf 13 pro 100000 Kinder (Peltola, persönliche Mitteilung). In manchen Bevölkerungsgruppen, wie Eskimos, Indianern oder australischen Aborigines, kannte man kaum Epiglottitiden, wohl aber eine sehr hohe Inzidenzrate der Meningitis mit 450 pro 100000 (12, 13).

Die Inzidenzen der übrigen Hib-Infektionen waren nicht sicher bekannt, da nicht jede Pneumonie, Phlegmone, septische Arthritis oder Osteomyelitis kulturell gesichert wurde. Für Europa schätzte man die jährliche Inzidenz auf 12 pro 100000 für alle Hib-Manifestationen, außer für Meningitis, Epiglottitis und Pneumonie (Peltola, persönliche Mitteilung). Die Inzidenz der Hib-Pneumonie wurde auf weniger als 7 pro 100000 Kinder geschätzt (10).

In den USA betrug die Gesamtinzidenz aller klassischen Manifestationen im Durchschnitt 88 (68–112) pro 100000 vor dem vollendeten 5. Lebensjahr (4) und in Europa etwa 34–84 pro 100000 (12, 13).

Laut Garpenholt betrug die Hib-Inzidenzrate weltweit nach Literaturrecherchen 40–130 pro 100000 vor dem vollendeten 5. Lebensjahr.

Wirkung und Einfluß der Impfung auf den Rückgang der Hib-Erkrankungen

Wie keine anderen Impfstoffe haben die Hib-Konjugate zu einer raschen Senkung der Inzidenz invasiver Erkrankungen, wie Meningitis und Epiglottitis, geführt. Bei konsequenter Anwendung nach den Empfehlungen der jeweiligen Länder könnten die schweren Erkrankungen durch Hib weitgehend eliminiert werden.

Die 1. Impfstudie mit einer reinen Kapselpolysaccharidvakzine (PRP-Vakzine) wurde 1974 in Finnland bei Kindern zwischen 3 Monaten und 5 Jahren durchgeführt. Dieser Impfstoff bewirkte lediglich eine T-Zell-unabhängige Immunantwort. Sie erwies sich erst nach dem 18. Lebensmonat als ausreichend immunogen und führte bei Kindern über 24 Monaten zu einem Impfschutz von 90%. Die Impfung hat aber keinen Einfluß auf den Carrierstatus. Vor dem 18. Lebensmonat war sie unwirksam (8).

Anfang 1980 wurde bei den Impfstoffen der 2. Generation das antigene PRP-Polysaccharid oder PRP-Oligosaccharid an die verschiedenen Trägereiweiße, wie Tetanustoxoid, mutantes Diphtherietoxin, Meningokokkenpolysaccharid (OMP) oder Diphtherietoxoid gebunden. So entstanden T-Zell-abhängige Impfstoffe, die schon bei Säuglingen zu einer kräftigen Immunstimulation ab dem 3. Monat führten. Die IgG-Antikörperspiegel lagen 10–20fach über den natürlich gebildeten Antikörpern nach Infektion und persistierten über mehrere Jahre. Zudem wurden aber auch Gedächtniszellen gebildet, die bei einem erneuten Antigenkontakt zu einer raschen und starken Sekundärimmunantwort führten, der sog. Boostereffekt (12, 13).

Erfahrungsgemäß gelten Antikörperspiegel über 0,15 μg/ml als Hinweis für kurzfristigen und über 1,0 μg/ml für langfristigen Schutz bis zu mindestens 1 Jahr. Diese Grenzwerte gelten für die PRP-Vakzine. Konjugatimpfstoffe zeigten in klinischen Studien nach Abschluß der Grundimmunisierung Schutzraten um 90%, obwohl der Antikörpertiter vieler Impflinge zum Teil $<$1,0 μg/ml, ja sogar $<$0,15 μg/ml betrug (8, 20).

Es korreliert also die Höhe des Antikörpertiters nicht mit dem tatsächlichen klinischen Schutz. Basierend auf früheren Erfahrungen mit unkonjugierten Impfstoffen verspricht aber ein Titer >1,0 μg/ml nach Abschluß der Grundimmunisierung im 1. Lebensjahr einen Schutz von mindestens 90%.

Bei immunologischen Grundkrankheiten ist mit verminderter oder fehlender Antikörperbildung zu rechnen (u. a. bei Agammaglobulinämie und T-Zellimmundefizienz). Hib-Impfstoffe können als Totimpfstoffe simultan mit anderen Impfstoffen oder auch in Kombination gegeben werden. Eine Massierung der Antigene wird im Immunsystem gut vertragen. Die Totimpfstoffe rufen keine Erkrankungen oder eine Demaskierung von Hib-Erkrankungen hervor. Die Hib-Impfung ist nach HibKontakt nicht zur Krankheitsverhütung geeignet (13).

Kinder, die innerhalb der ersten beiden Lebensjahre eine Hib-Erkrankung durchgemacht haben, sollten unbedingt 1 Monat nach Krankheitsende und dann weiter, entsprechend dem Alter und dem Impfzyklus, geimpft werden.

Unvöllständig geimpfte Kinder benötigen bei Hib-Kontakt immer eine Rifampicinprophylaxe, was bei vollständig geimpften Kindern nicht nötig ist. Bei Immundefekten ist allerdings auch nach abgeschlossener Grundimmunisierung und Boosterung eine Rifampicinprophylaxe nach Kontakt erforderlich (13).

Desweiteren wurde gezeigt (2, 18) daß die Impfung mit PRP-D oder PRP-T eine Abnahme der pharyngealen Hib-Kolonisationsrate bei älteren Kindern zur Folge hat, was eine zusätzliche Abnahme von Hib-Erkrankungen bewirkte. Dieses Phänomen wird einer mukosalen Anti-Hib-IgA-Produktion sowie der Schleimhautdiffussion von IgA-Antikörpern zugeschrieben (14).

Prospektive Studien in Finnland, den USA, Kanada und England ergaben mit den verschiedenen Impfstoffen insgesamt eine Schutzrate von 94–100%. In Finnland, wo die Impfung seit 1986 staatlicherseits kostenlos eingesetzt wird, ist die Erkrankung praktisch eliminiert (19).

Durch den generellen Einsatz von Hib-Impfstoffen im Säuglingsalter konnten damit in ganz Europa schwere Infektionen durch diesen Erreger vermieden werden. Damit sind Mortalität und Morbidität im Säuglings- und Kleinkindalter für Meningitis und Epiglottitis entscheidend verringert worden.

Ein Impfschutz gegenüber unbekapselten und Nicht-b-Kapseltypen des Haemophilus-influenzae-Keimes kann aber durch die Impfung nicht aufgebaut werden, wie auch virale Meningitiden damit nicht verhindert werden können.

Ergebnisse in Deutschland

Seit März 1990 wurden 4 Hib-Konjugatimpfstoffe in Deutschland eingeführt. Sie haben zwar eine unterschiedliche Immunogenität (Antikörperbildung), aber eine gleichwertige Schutzrate (Effektivität). Aufgrund eigener Untersuchungen und den von Zielen liegt diese z. B. beim PRP-D-Impfstoff nach 2 bzw. 3 Impfungen vor Erreichen des Inzidenzalters mit 6 Monaten bei 94–95% und praktisch bei 100% nach der Boosterimpfung (12, 13, 25).

Alle Hib-Impfstoffe erwiesen sich als gut verträglich (Zielen: Fieber, Rötung und Schwellung 2%, Erbrechen, Appetitlosigkeit 5%). Alle Nebenwirkungen waren gut tolerabel und binnen Stunden flüchtig. Todesfälle, anaphylaktische Reaktionen, rheumatisches Fieber oder immunologische Erkrankungen sind in Studien bisher nicht beobachtet worden (12).

ESPED-Erhebung

Vom 1. Juli 1992 bis 30. Juni 1996 wurde eine monatliche Abfrage der systemischen Haemophilus-influenzae-Infektionen in allen deutschen Kinderkliniken durchgeführt. Tab. 1 zeigt den Rückgang der einzelnen Entitäten und die Zahl der Todesfälle. In dieser Zeit wurde ein Rückgang von 96% der Erkrankungen beobachtet. Zuletzt beobachtete man noch etwa 30–60 Hib-Erkrankungen vor dem 10. Lebensjahr. Davon waren etwa 30–35 unvollständig geimpfte und etwa 20–25 ungeimpfte Kinder (15).

Aus den retro- und prospektiven Studien für Deutschland läßt sich zusammenfassend sagen: Alle 4 Impfstoffe bieten gleichwertigen Impfschutz und sind nebenwirkungsarm.

Der 96%ige Rückgang aller Hi-Infektionen läßt sich nicht nur durch den Individualschutz des Impflings, sondern auch durch die Reduzierung des Carrierstatus und der damit verbundenen Herdimmunität erklären. Allerdings ist eine konsequente und zeitgerechte Impfung im 3., 4. und 5. Lebensmonat und ab dem 12.–15. Lebensmonat wichtig (3 + 1-Schema). Die Boosterimpfung sollte möglichst im 12. Lebensmonat erfolgen, da ein Teil der Impfdurchbrüche nach der Grundimmunisierung gerade im Alter von 12–24 Monaten beobachtet wurde. Ebenso ist großer Wert auf einen frühzeitigen Beginn der Impfung, nämlich ab der 9. Woche, zu legen. Die Impfung wird mit monovalenten bzw. Kombinationsimpfstoffen durchgeführt.

30–60 jährlich noch erfaßbare Erkrankungen erfordern die Serotypisierung und die immunologische Klärung bei Impfdurchbrüchen bzw. bei Impfversagern (13).

Die Inzidenzrate der Meningitis ist von 23 pro 100000 vor vollendetem 5. Lebensjahr 1989 auf 0,75 1995 zurückgegangen, während alle Hib-Erkrankungen von 46 pro 100000 auf 1,1 pro 100000 vor dem vollendeten 5. Lebensjahr zurückgegangen sind. Daraus ergibt sich eine Wirkung des Impfprogrammes von über 95% (15) (Abb. 1).

Tab. 1
Systemische Haemophilus-influenzae-Erkrankungen bei Kindern in Deutschland bis zum vollendeten 5. Lebensjahr

	1993	1994	1995
Meningitis	76	37	30
Epiglottitis	16	8	9
Andere	15	15	10
Gesamt	107	60	49
davon verstorben	3	3	0

Ergebnisse in anderen europäischen Ländern und den USA

Österreich

Im Herbst 1991 wurde in Österreich zunächst der PRP-D-Impfstoff zugelassen, inzwischen stehen weitere Impfstoffe mit PRP-T (ActHib) und HbOC (Hibtiter) zur Verfügung. Nach Huber und Mutz (persönliche Mitteilungen) ist die effektive Schutzrate ähnlich den in Deutschland belegten Zahlen. Der Einsatz dieser Impfstoffe war damit äußerst erfolgreich und hat zu einem deutlichen Rückgang der invasiven Hib-Infektionen vor dem vollendeten 5. Lebensjahr geführt. Es wurden z. B. in Leoben von 1993–1996 (Mutz, persönliche Mitteilung) keine Kinder mehr mit Epiglottitis und nur noch 2 ungeimpfte Kinder mit Hib-Meningitis sowie 1 Kind mit Hi-Meningitis durch Typ c behandelt. Das Impfschema gleicht dem in Deutschland (22).

Schweiz

In der Schweiz wurde im Herbst 1990 der 1. Hib-Impfstoff (PRP-D) eingeführt, 1991 folgten 3 weitere. Die Impfung wird im 4., 6. und 15. Lebensmonat verabreicht und hat die Meningitisinzidenz von 25 pro

Abb. 1
Durchimpfungsraten mit Hib-Impfstoffen und Inzidenz von schweren Hi-Erkrankungen bei Kindern von 2 Monaten bis zum vollendeten 5. Lebensjahr

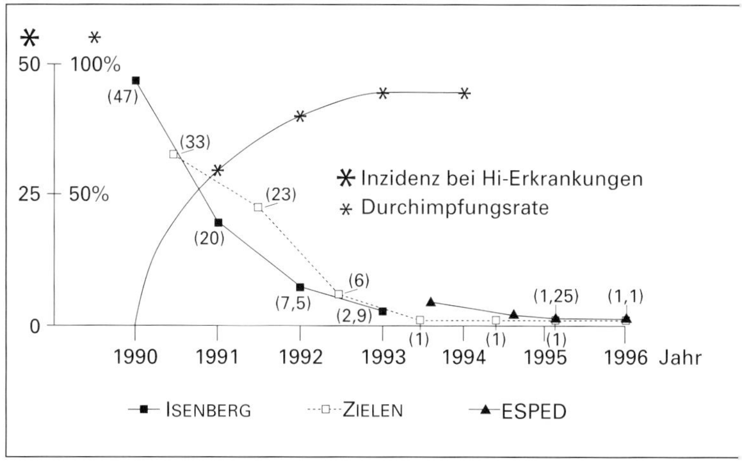

100000 im Jahr 1989 in Genf bzw. von 26,4 pro 100000 im Jahr 1990 in Luzern (5, 10) bereits auf 8,2 im Jahr 1993 und auf 6,3 im Jahr 1994 gesenkt. Die Epiglottitis ging im gleichen Zeitraum von 10,9 pro 100000 vor dem vollendeten 15. Lebensjahr auf 3,6 zurück. Meningitis und Epiglottitis zusammen zeigten eine Inzidenz von 20,6 vor dem vollendeten 15. Lebensjahr; und, nach Einführung der Impfung 1993, einen Rückgang auf 6,8. In der Altersgruppe der 5–15jährigen wurde bei Ungeimpften ein Rückgang um 67% beobachtet, was auch andere internationale Studien bestätigten (5).

In den Niederlanden betrug die Meningitisinzidenz vor Einführung der Impfung (April 1993 PRP-T) 22 pro 100000 Kinder vor dem vollendeten 5. Lebensjahr. Die Impfung erfolgt im 3., 4., 5. und 11. Monat in Kombination mit DPT und inaktiviertem Polio; sie zeigte bereits 1 Jahr nach der Einführung einen Rückgang der Hib-Meningitisinzidenz auf 0,3 pro 100000 Kinder (1).

In England wird seit Herbst 1992 mit PRP-T im 2., 3. und 4. Lebensmonat ohne einen Booster geimpft. Nach Booy ist die Erkrankungsrate von 31 pro 100000, nach Salisbury (persönliche Mitteilung) 1993/94 von 34 auf 2 Erkrankungen pro 100000 vor dem vollendeten 5. Lebensjahr zurückgegangen. Die Reduktion betrug somit 97%. Allerdings stellte man in England im gleichen Zeitraum einen leichten Anstieg der Erkrankungen durch unbekapselte Keime und Non-b-Serotypen von 0,25 auf 0,37 pro 100000 fest (11).

In Frankreich wird mit einem 4fach- bzw. 5fach-Impfstoff, der PRP-T enthält, seit 1992 geimpft (DPT + inaktivierter Polioimpfung). Die Impfung erfolgt im 2., 3., 4. und 12. Monat und zeigte eine 100%ige Effektivität. Die durchschnittliche Meningitisinzidenz durch Hib lag vor der Einführung bei 14–21 pro 100000, während die übrigen Hib-Erkrankungen 8–14 pro 100000 betrugen, was eine Gesamtinzidenzrate von 20–35 pro 100000 Kinder ergab (16).

In Schweden sind Hib-Impfstoffe seit 1. 1. 1993 im Einsatz. Auch hier betrug der Rückgang der Meningitis 92% und die Sepsisreduktion 83%, wobei in 93% vorwiegend PRP-T zum Einsatz kam. Im Zeitraum 1987–1991 wurden 34,4 Kinder mit Hib-Erkrankungen pro 100000 vor dem vollendeten 5. Lebensjahr beobachtet; alle Jahrgänge einschließlich Erwachsene hatten eine Inzidenz von 3,1–3,3 pro 100000. 1 Jahr nach Einführung war bereits ein Rückgang auf 3,5 pro 100000 Kinder vor dem vollendeten 5. Lebensjahr zu beobachten (9).

In Finnland gibt es die meisten Erfahrungen mit der Hib-Impfung. Hier wurden die ersten Studien mit dem reinen PRP-Impfstoff und mit dem ersten konjugierten Impfstoff (PRP-D im Jahr 1986) durchgeführt. Hib-Erkrankungen sind in Finnland seit 1991 eradiziert (6–8, 19).

In Island, wo ausschließlich PRP-D geimpft wurde, sind seit 1992 keine Hib-Erkrankungen mehr beobachtet worden (ESKOLA, persönliche Mitteilung).

In den USA, wo Hib-Erkrankungen mit einer Erkrankungsrate von 1:200 vor dem vollendeten 5. Lebensjahr viel häufiger waren als in Europa, kam es nach Einführung der Hib-Impfungen zu einem 96%igen Rückgang (von 1987–1995). Dabei ist die Inzidenz von 41 pro 100 000 auf 1,6 pro 100 000 gesunken (21).

Entgegen den Beobachtungen in einigen europäischen Ländern, wie der Schweiz und Finnland, ist in den USA bei den ungeimpften Kindern über 5 Jahren kein Rückgang beobachtet worden. Legt man der Berechnung Labormeldungen aus den USA zugrunde, ist der Rückgang von 34 auf 0,4 pro 100 000 vor dem vollendeten 5. Lebensjahr mit 99% noch gravierender (21).

Zusammenfassung

Der Rückgang der Hib-Erkrankungen in Deutschland um 96% beweist die Wirksamkeit des Impfprogrammes und damit die Richtigkeit der STIKO-Empfehlungen. Ähnlich gute Erfolge in der Verhütung schwerer Hib-Erkrankungen werden auch aus anderen Ländern berichtet. 30–60 noch jährlich erfaßbare Erkrankungen in Deutschland könnten durch konsequente Anwendung der STIKO-Empfehlungen zum großen Teil vermieden werden: Das Erreichen einer höheren Durchimpfungsrate und einer zeitgerechten Impfung gemäß der Empfehlung ist erforderlich.

Trotz dieser Erfolge muß die Epidemiologie der Erkrankung weiter beobachtet werden. Es ist nicht auszuschließen, daß es zu einer Verlagerung schwerer Hib-Erkrankungen in höhere Altersstufen kommt. Dann wären Impfungen gegen Hib auch nach dem 6. Lebensjahr notwendig.

Literatur

1. ALPHEN, L. v. u. Mitarb.: Predicted disappearance of Haemophilus influenzae type b meningitis in Netherlands. Lancet **344,** 195 (1994).
2. BARBOUR, M. L. u. Mitarb.: The Influence of Haemophilus influenzae type b (Hib) conjugate vaccine (PRP-T) on oropharyngeal carriage of hib in infants under 12 months of age. 33rd Interscience Conference on Antimicrobial Agents and Chemotherapy (ICAAC), New Orleans, Abstract 304 (1993).
3. CLAESSON, B. u. Mitarb.: Incidence and prognosis of acute epiglottitis in children in a Swedish region. Pediat. Infect. Dis. J. **3,** 534–538 (1984).
4. CLEMENTS, D. A. u. Mitarb.: Comparison of the epidemiology and cost of Haemophilus influenzae type b disease in five western countries. Pediat. Infect. Dis. J. **12,** 362–367 (1993).
5. DESGRANDCHAMPS, D. u. Mitarb.: Auswirkung der konjugierten PRP-Impfstoffe auf die Inzidenz invasiver Erkrankungen durch Haemophilus influenzue Typ b im Kindesalter. Schweiz. med. Wschr. **124,** 575–582 (1994).
6. ESKOLA, J. u. Mitarb.: Efficacy of Haemophilus influenzae type b polysaccharide-diphtheria toxoid conjugate vaccine in infancy. New Engl. J. Med. **317,** 717–722 (1987).
7. ESKOLA, J. u. Mitarb.: A randomized, prospective field trial of a conjugate vaccine in the protection of infants and young children against invasive Haemophilus influenzae type b disease. New Engl. J. Med. **323,** 1381–1387 (1990).
8. ESKOLA, J. u. H. KÄYHTY: Ten years' experience with Haemophilus influenzae Type b (Hib) conjugate vaccines in Finland. Rev. Medical Microbiology **7,** 231–241 (1996).
9. GARPENHOLT, Ö. u. Mitarb.: The Impact of Haemophilus influenzae Type b vaccination in Sweden. Scand. J. infect. Dis. **28,** 165–169 (1996).
10. GERVAIX, A. u. S. SUTER: Need for prevention of invasive Haemophilus influenzae type b infections in Geneva, Switzerland. Vaccine **11,** (Suppl 1), 34–37 (1993).
11. HARGREAVES, R. M. u. Mitarb.: Changing patterns of invasive haemophilus influenzae disease in England and Wales after introduction of the Hib vaccination programme. Br. med. J. **312,** 160–161 (1996).
12. ISENBERG, H.: Haemophilus influenaze-Infektionen in den alten Bundesländern. Kritische Auswertung

einer Klinikumfrage. Pädiat. Grenzgeb. **32,** 385–393 (1994).

13. ISENBERG, H.: Hib-Erkrankungen in Deutschland. Verhüten oder Heilen – was ist kostengünstiger? Therapiewoche **21,** 1228–1233 (1995).

14. KAUPPI, M., J. ESKOLA u. H. KÄYTHY: Haemophilus influenzae type b (Hib) conjugate vaccines induce mucosal Ig_{A1} and Ig_{A2} antibody response in infants and children. 33rd Interscience Conference on Antimicrobial Agents and Chemotherapy (ICAAC), New Orleans, Abstract 299 (1993).

15. KRIES, R. v. u. Mitarb.: Sytemische Haemophilus influenzae-Erkrankungen in Deutschland 1992–1995. Mschr. Kinderheilk. **145,** 136–143 (1997).

16. LIVARTOWSKI, A. u. Mitarb.: Cost-effectiveness evaluation of vaccination against Haemophilus influenzae invasive diseases in France. Vaccine **14,** 495–500 (1996).

17. MURPHY, T. V. u. Mitarb.: Declining incidence of Haemophilus influenzae type b disease since introduction of vaccination. J. Am. med. Ass. **269,** 246–248 (1993).

18. MURPHY, T. V. u. Mitarb.: Decreased Haemophilus colonization in children vaccinated with Haemophilus influenzae type b conjugate vaccine. J. Pediatrics **122,** 517–523 (1993).

19. PELTOLA, H., T. KILPI u. M. ANTTILA: Rapid disappearance of Haemophilus influenzae type b meningitis after routine childhood immunisation with conjugate vaccines. Lancet **340,** 592–594 (1992).

20. PELTOLA, H. u. Mitarb.: Clinical comparison of the Haemophilus influenzae type b polysaccharide-diphtheria toxoid and the oligosaccharide-CRM 197 protein vaccines in infancy. Arch. Pediat. Adolesc. Med. **148,** 620–625 (1994).

21. Progress toward Elimination of Haemophilus influenzae Type b Disease Among Infants and Children – United States, 1987–1995. Morb. Mort. Weekly Rep. October 25, 45, Nr. 42 (1996).

22. RAUTER, L. u. I. MUTZ: Haemophilus influenzae-Meningitis der Jahre 1983 bis 1992 – Epidemiologie und Folgen der Erkrankung. Wien. klin. Wschr. **106/7,** 187–192 (1994).

23. TAKALA, A. K. u. Mitarb.: Epidemiologie of invasive Haemophilus influenzae type b disease among children in Finland before vaccination with Haemophilus influenzae type b conjugate vaccine. Pediat. Infect. Dis. J. **8,** 297–302 (1989).

24. TAKALA, A. K. u. Mitarb.: Reduction of Oropharyngeal Carriage of Haemophilus influenzae Type b (Hib) in Children immunized with an Hib Conjugate Vaccine. J. Infect. Dis. **164,** 982–986 (1991).

25. ZIELEN, S. u. Mitarb.: Untersuchung zur Effektivität der Haemophilus-influenzae-b-Diphtherie-Konjugatimpfung bei deutschen Kindern. Mschr. Kinderheilk. **140,** 852–856 (1992).

Hepatitis-B-Impfung und im zeitlichen Zusammenhang auftretende zentralnervöse und ophthalmologische Erkrankungen

S. DITTMANN, Kopenhagen

Zwei unterschiedliche Hepatitis-B-Impfstoffe stehen weltweit zur Verfügung: ein aus Plasmen von HBsAg-Trägern gewonnener Plasmaimpfstoff (seit 1982) und ein gentechnisch hergestellter rekombinanter Impfstoff. In den meisten industriell entwickelten Ländern wird seit 1986 ausschließlich rekombinanter Hepatitis-B-Impfstoff angewendet. Beide Impfstoffe sind sehr gut verträglich.

Die berichteten Nebenwirkungen (bei 5–15% der Geimpften) sind im wesentlichen lokaler Natur, klingen binnen 48 Stunden ab und können Brennen, leichte Schwellung, Rötungen und schmerzhafte Empfindungen an der Injektionsstelle beinhalten; systemische Nebenwirkungen treten in Form moderater Temperaturerhöhung, Kopfschmerzen, Schwindel- und Krankheitsgefühl auf. Neben einzelnen kasuistischen Berichten von Erkrankungen verschiedener Organe wird bei einem kleinen Anteil Geimpfter über Arthralgien, Arthritis und asymmetrische Polyneuritis berichtet.

Seit der 1. Veröffentlichung von HERROELEN u. Mitarb. (5) über 2 im zeitlichen Zusammenhang mit Hepatitis-B-Impfung beobachtete demyelinisierende Erkrankungen des Zentralnervensystems hat sich die Aufmerksamkeit Berichten zu möglichen zentralnervösen (und auch ophthalmologischen) Nebenwirkungen zugewendet. Veröffentlichungen in Frankreich 1977 zu Hepatitis-B-Impfung und multipler Sklerose initiierten entsprechende Untersuchungen und Stellungnahmen (1).

Demyelinisierende Erkrankungen

GUILLAIN-BARRÉ-Syndrom, Querschnittmyelitis, Optikusneuritis

Analyse des US Vaccine Safety Committee der bis 1993 vorliegenden Berichte (6)

GUILLAIN-BARRÉ-SYNDROM: 4 Erkrankungen bei 850000 Impflingen, 1988 USA (Plasmaimpfstoff); 5 Erkrankungen bei 43618 Impfungen in Alaska: bei 3 Impflingen war das GUILLAIN-BARRÉ-Syndrom bereits vor der Impfung bekannt, 2 Impflinge zeigten das GUILLAIN-BARRÉ-Syndrom 3 bzw. 9 Monate nach der Impfung (Plasmaimpfstoff); 5 weitere Kasuistiken aus der Literatur (USA, Taiwan, Neuseeland; Plasmaimpfstoff).

Querschnittmyelitis: 4 Erkrankungen im Abstand von 2–7 Wochen nach 1., 2. oder 3. Impfung (Plasmaimpfstoff), USA 1988.

Sehnerventzündung: 5 Erkrankungen in den USA erfaßt (nach Plasmaimpfstoff), 1988 berichtet.

Berichte im internationalen Schrifttum (1993–1997)

Jeweils 3 Wochen nach der Impfung traten bei einem 56jährigen Patienten eine akute Myelitis und bei einer 11jährigen Patientin eine Querschnittmyelitis auf (1). Bei einer 26jährigen Patientin entwickelte sich 10 Tage nach der 2. Hepatitis-B-Impfung eine akute zerebellare Ataxie. Binnen 4 Monaten Wiederherstellung. Andere Ursachen der Erkrankung konnten ausgeschlossen werden (2). Bei einer 23jährigen Patientin kam es 2 Tage nach der 1. rekombinanten Hepatitis-B-Impfung zu einer meningitischen Reaktion. Eine akute Myelitis wurde 6 Tage nach der Gabe rekombinanten Hepatitis-B-Impfstoffs bei einer 64jährigen Patientin diagnostiziert. Virale, bakteriologische und parasitologische Ursachen wurden ausgeschlossen. Eine 18jährige Patientin erkrankte 2 Wochen nach der 2. Impfung an einer Leukenzephalitis mit Gesichtsfeldeinschränkung. Vollständige Genesung nach 1 Jahr (3).

Festzustellen ist auch, daß nach Plasmaimpfstoffen gelegentlich über GUILLAIN-BARRÉ-Syndrome berichtet wurde; viel seltener erfolgt dies nach Anwendung eines rekombinanten Impfstoffes (3).

Multiple Sklerose

Analyse des US Vaccine Safety Committee (2)

Das Komitee analysierte die Berichte von HERROELEN (5) aus dem Jahre 1991 über 1 Patientin mit bekannter multipler Sklerose 6 Wochen nach der 3. Impfung (rekombinanter Impfstoff) mit Rückfall; erste Symptome der multiplen Sklerose bei 1 Patientin 6 Wochen nach der 1. Impfung (rekombinanter Impfstoff) sowie 2 weitere Berichte an das Institut of Medicine (1992): eine 37jährige Patientin zeigte atypische Symptome der multiplen Sklerose 3 Wochen nach der 3. Impfung (Plasmaimpfstoff; eine 32jährige Patientin bot das Bild einer Sehnerventzündung 2 Wochen nach der 2. Impfung (rekombinanter Impfstoff).

Zusammenfassende Stellungnahme des US Vaccine Safety Committee zu demyelinisierenden Erkrankungen des ZNS nach Hepatitis-B-Impfung

Die erfaßten Erkrankungen an GUILLAIN-BARRÉ-Syndrom, Querschnittmyelitis, Optikusneuritis und multiple Sklerose sind nicht häufiger aufgetreten, als es natürlicherweise in einer ungeimpften Population zu erwarten ist. Ein kausaler Zusammenhang zwischen Hepatitis-B-Impfung und demyelinisierenden Erkrankungen kann nicht anerkannt, aber auch nicht mit Sicherheit ausgeschlossen werden. Der Problematik ist auch zukünftig Aufmerksamkeit zu schenken.

WHO-Stellungnahme zu Hepatitis-B-Impfung und multipler Sklerose

Die Stellungnahme (4) bezieht sich auf die Veröffentlichung eines französischen Neurologen über Erkrankungen an multipler Sklerose und anderen demyelinisierenden Erkrankungen im Zusammenhang mit der Hepatitis-B-Impfung. Es wird darauf hingewiesen, daß die multiple Sklerose durch eine Zerstörung der Myelinhülle des Neurons charakterisiert ist. Im allgemeinen braucht man Jahre oder sogar Jahrzehnte, um die Krankheit zu diagnostizieren. Die klinischen Episoden können als Optikusneuritis, Querschnittmyelitis oder sensorische Anormalitäten diagnostiziert werden. Die einer multiplen Sklerose zugrundeliegenden pathologischen Prozesse beginnen Jahre oder Jahrzehnte vor dem Auftreten der Symptome.

Die Stellungnahme geht weiterhin davon aus, daß die Ursache der multiplen Sklerose unbekannt und eine genetische Prädisposition anzunehmen ist. Viele Immunologen fassen die multiple Sklerose als eine Autoimmunerkrankung auf. Einer Hypothese zufolge wird der Angriff des Immunsystems auf das Myelin durch ein Fremdantigen mit einer dem humanen Myelin ähnlichen immunogenen Region initiiert.

Ein Untersucher wies auf die Ähnlichkeit zwischen einer Aminosäuresequenz des DNS-Polymerase-Moleküls des HB-Virus und einer Aminosäuresequenz des Kaninchenmyelins hin. Zu bemerken ist jedoch, daß Hepatitis-B-Impfstoff keine DNS-Polymerase enthält.

Viele Faktoren sind mit der Auslösung einer multiplen Sklerose in Zusammenhang gebracht worden, jedoch steht eine Bestätigung jeweils aus: allein 17 verschiedene Viren wurden einbezogen, Impfungen, Streß, Traumen, Schwangerschaft, Klima, Haustiere, Lebensmittelzusatzstoffe, Metalle.

Die folgenden Argumente sprechen gegen Hepatitis-B- oder Hepatitis-B-Impfstoff als auslösenden Faktor einer multiplen Sklerose:

1. Es gibt weltweit 350 Millionen HB-Virusträger und etwa 2 Milliarden Menschen mit einer durchgemachten Hepatitis-B-Infektion. Die geographische Verteilung von Hepatitis B und multipler Sklreose ist gegensätzlich: während in Nordeuropa und Skandinavien die multiple Sklerose am stärksten auftritt und dort gleichzeitig die niedrigsten HB-Prävalenzraten bestehen, tritt die multiple Sklerose in Asien und Afrika am wenigsten in Erscheinung, es bestehen aber dort die höchsten HB-Prävalenzraten. Ist aber der Erreger kein an der Entstehung der multiplen Sklerose beteiligter Faktor, so ist dies für den Impfstoff ebenfalls nicht anzunehmen.

2. Seit 1982 haben mehr als 550 Millionen Menschen den Hepatitis-B-Impfstoff erhalten: ein Zusammenhang mit multipler Sklerose konnte nicht bestätigt werden.

Zusammenfassende WHO-Stellungnahme

Für einen ursächlichen Zusammenhang zwischen Hepatitis-B-Infektion und multipler Sklerose oder anderen demyelinisierenden Krankheiten wie Optikusneuritis oder Querschnittmyelitis gibt es keinen Anhaltspunkt. Vermutete Risiken einer Hepatitis-B-Impfung im Sinne eines auslösenden Faktors für multiple Sklerose oder andere demyelinisierende Krankheiten des Nervensystems sind rein hypothetisch. Demgegenüber ist das Risiko einer Hepatitis-B-Erkrankung oder einer Hepatitis-B-Infektion bei nicht immunen Personen ein reales Risiko (4).

Untersuchungen zu Hepatitis-B-Impfung und multipler Sklerose in Frankreich

Eine nationale Kommission für die Sicherheit von Arzneimitteln beurteilte jeweils im Dezember 1994 und 1996 die Ergebnisse von Studien zur Sicherheit von in Frankreich zugelassenen Hepatitis-B-Impfstoffen *(Engerix B, GenHevac, HB-VAX DNA)* (4). Die Rate der berichteten demyelinisierenden Erkrankungen des Nervensystems, die im zeitlichen Zusammenhang mit einer HB-Impfung auftraten, betrug 0,6 pro 100000 Impflinge. Diese Rate ist weitaus niedriger als die normalerweise zu erwartende Inzidenz demyelinisierender Erkrankungen in der französischen Bevölkerung, welche allein für die multiple Sklerose 1–3 pro 100000 beträgt. Das epidemiologische Bild der im zeitlichen Zusammenhang mit einer HB-Impfung berichteten Erkrankungen unterschied sich nicht von jenem der ungeimpften Bevölkerung in bezug auf Alters- und Geschlechtsverteilung sowie Symptomatik.

Zusammenfassende Stellungnahme der französischen Gesundheitsbehörden

Die Untersuchungen ergeben keine Anhaltspunkte für einen ursächlichen Zusammenhang zwischen HB-Impfung und multipler Sklerose bzw. anderen demyelinisierenden Erkrankungen (4).

Ophthalmologische Erkrankungen

3 Tage nach der Boosterimpfung mit rekombinantem Hepatitis-B-Impfstoff entwickelte ein 31jähriger Patient eine akute posteriore multifokale »placoid pigment epithelopathy« mit Verlust des Sehvermögens (1). Weitere Berichte betreffen ein »multiple evanescent white dot syndrome« mit fortschreitendem Verlust des Sehvermögens des linken Auges bei einer 23jährigen Patientin 24 Stunden nach Boosterimpfung, einen Verschluß der Netzhaut-Zentralvene des rechten Auges bei einem 27jährigen Patienten 8 Tage nach Erstimpfung mit rekombinantem Hepatitis-B-Impfstoff sowie eine zweiseitige Neuropapillitis bei einer 13jährigen Patientin 6 Tage nach Erstimpfung (3).

Literatur

1. DITTMANN, S.: Immunobiological preparations. In: ARONSON, J. K. u. C. J. van BOXTEL (Hrsg.): Side Effects of Drugs Annual 18, S. 334. Elsevier, Amsterdam 1995.
2. DITTMANN, S.: Vaccines. In: ARONSON, J. K. u. C. J. van BOXTEL (Hrsg.): Side Effects of Drugs Annual 19, S. 299. Elsevier, Amsterdam 1996.
3. DITTMANN, S.: Vaccines. In: ARONSON, J. K. u. C. J. van BOXTEL (Hrsg.): Side Effects of Drugs Annual 21. Elsevier, Amsterdam 1998 (in Druck).
4. Expanded Programme on Immunization (EPI): Lack of evidence that hepatitis B vaccine causes multiple sclerosis. Wkly epidem. Rec. **72,** 149–152 (1987).
5. HERROELEN, L., J. DE KEYSER u. C. EBINGER: Central-nervous demyelination after immunization with recombinant hepatitis B vaccine. Lancet **338,** 1174–1175 (1991).
6. Vaccine Safety Committee, Institute of Medicine, National Academy of Sciences: Adverse events associated with childhood vaccines. National Academy Press, Washington 1994.

Aufklärung vor Schutzimpfungen: Empfehlungen für die Praxis

A. NASSAUER, Berlin, und G. MAASS, Münster

Eine Eigenheit der Schutzimpfung als Präventionsmaßnahme zur Verhütung verschiedener Infektionskrankheiten ist ihre soziale Bedeutung, da jede geimpfte Person dazu beiträgt, das Risiko der Weiterverbreitung impfpräventabler Krankheiten zu verringern. Zu Recht haben vor allem niedergelassene Ärzte darauf hingewiesen, daß die Vornahme von Schutzimpfungen nicht nur eine privatrechtliche, sondern auch eine öffentliche Aufgabe ist. Häufig wird das Robert Koch-Institut um »rechtsverbindliche Stellungnahme« gebeten, z. B. über die Durchführung von Schutzimpfungen oder über den Umfang von Schadensersatzleistungen nach Impfschäden.

So verständlich diese Fragen bei der Wahrnehmung umfassender staatlicher Verantwortung auch sind, so unterliegt z. B. die Durchführung einer Hepatitis-B-Schutzimpfung in der Praxis eines niedergelassenen Arztes auch den zivilrechtlichen Regelungen des Behandlungsvertrages zwischen Arzt und Patient.

Rechtliche Grundlagen

Bis Mitte der 80er Jahre waren Schutzimpfungen in der Bundesrepublik keine kassenärztliche Leistung; unentgeltlich wurden sie von Gesundheitsämtern angeboten. Gemäß Art. 74 Nr. 19 des Grundgesetzes sind Maßnahmen gegen gemeingefährliche und übertragbare Krankheiten Gegenstand der konkurrierenden Gesetzgebung, in das Bundes-Seuchengesetz (BSeuchG) wurden bereits 1961 Vorschriften zur Durchführung von Schutzimpfungen aufgenommen.

Verläßliche Zahlen liegen zwar nicht vor, aber wahrscheinlich wird der überwiegende Teil (vermutlich mehr als 90%) der

Schutzimpfungen heute durch niedergelassene Ärzte verabreicht. Der Anteil des öffentlichen Gesundheitsdienstes an der Durchführung von Schutzimpfungen ist regional sehr unterschiedlich, in den neuen Bundesländern sicher höher als in den alten. Eine Möglichkeit zu einer Kooperation zwischen niedergelassenen Ärzten und dem öffentlichen Gesundheitsdienst ergibt sich aus der guten Erreichbarkeit Jugendlicher durch die Schul- und Jugendärztlichen Dienste der Gesundheitsämter (15).

Öffentliche Empfehlungen von Schutzimpfungen

§ 14 Abs. 3 BSeuchG besagt, daß die obersten Landesgesundheitsbehörden (Landesgesundheitsministerien) Schutzimpfungen zum Schutz der Bevölkerung öffentlich empfehlen können. Die Besorgnis, daß dadurch unterschiedliche Empfehlungen in den verschiedenen Ländem eine unübersichtliche Situation schaffen, ist nicht begründet.

Die Gesundheitsministerkonferenz hat im Oktober 1991 einstimmig beschlossen, daß die öffentlichen Empfehlungen der Länder auf der »Grundlage der Veröffentlichungen der Ständigen Impfkommission am Robert Koch-Institut (STIKO) erfolgen« sollen. Die aktuelle Fassung der STIKO-Empfehlungen wurde als Supplement zu Heft 26 des Deutschen Ärzteblattes im Juni 1997 veröffentlicht und damit allen Ärzten bekanntgemacht. (Die Neufassung für 1998 ist in Kürze zu erwarten.) Nach dem erwähnten Beschluß der Gesundheitsministerkonferenz sind die in den Empfehlungen der STIKO aufgeführten Schutzimpfungen auch durch Landesrecht empfohlen.

Diese Feststellungen sind aus eher banalen Gründen bedeutsam. Die öffentlichen Empfehlungen von Schutzimpfungen werden regelmäßig in den Staatsanzeigern der Länder veröffentlicht, die zwar allen Stellen öffentlicher Verwaltung zugänglich sind, aber kaum von Privatpersonen gelesen werden. Daneben werden die Empfehlungen der STIKO (außer im Deutschen Ärzteblatt) in zahlreichen Fachzeitschriften (z. B. Veröffentlichungen der Berufsverbände) zumindest auszugsweise abgedruckt und kommentiert (20); sie sind damit die eigentliche Informationsgrundlage für die Ärzte.

Aufopferungsanspruch

Diese formal anmutenden Bemerkungen haben eine entscheidende Bedeutung für die immer wieder angemahnte »rechtliche Absicherung« impfender Ärzte. Der § 51 BSeuchG lautet auszugsweise: »Wer durch eine Impfung, die ... von einer zuständigen Behörde öffentlich empfohlen ... und in ihrem Bereich vorgenommen (worden ist), ... einen Impfschaden erlitten hat, erhält wegen der gesundheitlichen und wirtschaftlichen Folgen des Impfschadens auf Antrag Versorgung in entsprechender Anwendung der Vorschriften des Bundesversorgungsgesetzes.«

Ergänzend hierzu besagt § 52 Abs. 1 BSeuchG: »Ein Impfschaden ist ein über das übliche Ausmaß einer Impfreaktion hinausgehender Gesundheitsschaden. Ein Impfschaden liegt auch vor, wenn mit lebenden Erregern geimpft wurde und eine andere als die geimpfte Person durch diese Erreger einen Gesundheitsschaden erlitten hat.«

Abs. 2, Satz 1 und 2 des § 52 BSeuchG lauten: »Zur Anerkennung eines Gesundheitsschadens als Folge einer Impfung genügt die Wahrscheinlichkeit des ursächlichen Zusammenhangs. Wenn diese Wahrscheinlichkeit nur deshalb nicht gegeben ist, weil über die Ursache des festgestellten Leidens in der medizinischen Wissenschaft Ungewißheit besteht, kann mit Zustimmung der ... zuständigen obersten Landesbehörde der Gesundheitsschaden als Folge einer Impfung anerkannt werden.«

Zum besseren Verständnis dieser Entschädigungsregelungen einige Details:

1. Ist ein Patient der Auffassung, er habe durch die Impfung einen Gesundheitsschaden erlitten, so kann er beim zuständigen Versorgungsamt einen Antrag auf Entschädigung stellen.

2. Voraussetzung hierfür ist, daß die Impfung in dem jeweiligen Bundesland öffentlich empfohlen ist. Bei dieser Feststellung zeigt sich die Bedeutung des beschriebenen Zusammenhangs zwischen den Impfempfehlungen der STIKO und den öffentlichen Empfehlungen der Länder. Im Zweifel ist es angebracht, sich z. B. durch eine Nachfrage bei der zuständigen kassenärztlichen Vereinigung – vor allem vor Indikationsimpfungen – über den Wortlaut der Empfehlungen zu vergewissern.

3. In § 52 Abs. 1 ist eine Definition des Impfschadens angegeben, die sehr weit gefaßt ist und nicht nur dauerhafte, sondem auch vorübergehende Gesundheitsschäden umfaßt.

4. Am wichtigsten ist sicher die Beweiserleichterung in § 52 Abs. 2. Da ein Kausalitätsnachweis nicht immer zu führen ist, war aus Sicht des Gesetzgebers geboten, die Wahrscheinlichkeit eines Zusammenhangs zwischen einer Schutzimpfung und dem Gesundheitsschaden für die Annahme eines Impfschadens genügen zu lassen (17).

Die Voraussetzungen in den §§ 51/52 BSeuchG werden als Aufopferungsanspruch bezeichnet. Hierdurch wird anerkannt, daß Schutzimpfungen nicht nur dem individuellen, sondern auch dem Schutz der Allgemeinheit dienen und damit Teil einer sozialen Verpflichtung sind. »Verpflichtung« suggeriert Zwang, den es für Schutzimpfungen in Deutschland aber nicht gibt. Zwar ist in § 14 Abs. 1 und 2 BSeuchG vorgesehen, daß Schutzimpfungen angeordnet werden können, wenn Infektionskrankheiten gehäuft auftreten oder mit ihrer epidemischen Ausbreitung zu rechnen ist; von diesem Recht haben aber weder die Bundesregierung noch Landesregierungen seit Abschaffung der gesetzlichen Impfpflicht gegen Pocken (1982) Gebrauch gemacht.

Die gesetzliche Garantie einer staatlichen Entschädigung schützt die Ärzte aber nicht vor einer zusätzlichen zivilrechtlichen Klage auf Zahlung eines Schmerzensgeldes. Dieser Anspruch ist in der staatlichen Entschädigungsleistung nicht enthalten (11).

In einem solchen Prozeß wird aber der Kläger nur dann seine Ansprüche durchsetzen können, wenn er dem Arzt ein schuldhaftes Verhalten (vorsätzliche oder fahrlässige Gesundheitsschädigung) nachweisen kann. Die persönlichen und wirtschaftlichen Nachteile, die den Ärzten allein durch eine Klageerhebung entstehen können, sind u. U. beträchtlich.

Dennoch ist mit Nachdruck zu unterstreichen, daß die umfassende Versorgungsleistung des Staates den impfenden Arzt hinsichtlich des eigenen Haftungsrisikos deutlich entlasten kann. Eine vergleichbare Haftung für Gesundheitsschäden besteht für andere ärztliche Leistungen nicht.

Kürzlich hat die finanzielle Forderung eines Versorgungsamtes gegen einen Impfarzt für eine erhebliche Verunsicherung gesorgt. Diese vom Versorgungsamt in Anspruch genommene Möglichkeit des Rückgriffs ergibt sich aus § 81a Bundesversorgungsgesetz.

Das Versorgungsamt kann eine derartige Zahlung jedoch nur verlangen, wenn:

1. es selbst zu Leistungen gegenüber dem Impfgeschädigten verpflichtet ist und

2. der Impfarzt selbst auch an diesen Patienten Schadensersatz leisten muß. Dies trifft in der Regel zu, wenn er sich – aus welchen Gründen auch immer – freiwillig zur Leistung verpflichtet hat (z. B. räumt der Impfarzt ein, daß er fahrlässig den Gesundheitsschaden herbeigeführt hat) oder durch eine gerichtliche Entscheidung hierzu verurteilt wurde.

Nur wenn diese beiden Voraussetzungen vorliegen, kann das Versorgungsamt den betreffenden Arzt in Höhe des bereits festgestellten Anspruchs – jedoch nicht darüber hinaus – zur Zahlung an diese Behörde verpflichten. Damit entfallen weitere Leistungen des Impfarztes an den Impfling, der zukünftig Entschädigung vom Versorgungsamt erhalten wird (Verbot von Doppelleistungen bei einem (!) festgestellten Anspruch).

Anmerkungen zur Rechtsprechung

Prozeßflut durch Rüge mangelhafter Aufklärung

Die Zahl der Schadensersatzprozesse gegen Ärzte, bei denen die Klage auf eine unzureichende Aufklärung gestützt ist, wird in Deutschland auf 6000–10000 pro Jahr geschätzt (12). Entsprechend umfangreich ist die Erörterung des Problems in der juristischen Fachliteratur (6–8, 19). Aber auch in medizinischen Fachzeitschriften und Monographien wird das Thema durch Juristen erläutert (5, 16, 18).

Eine Abfrage der juris-Datenbank über die Anzahl von Urteilen zum Stichwort »Aufklärungspflicht« ergab im Dezember 1997: 1994 = 47, 1995 = 42, 1996 = 35, bis 12/1997 = 10 Entscheidungen. Auch wenn die Sammlung bis Dezember 1997 nicht vollständig sein kann; die abnehmende Tendenz läßt doch erkennen, daß die Rechtsprechung zur ärztlichen Aufklärungspflicht immer weniger über neue Gesichtspunkte zu entscheiden hat.

Rechtsprechung zu Schutzimpfungen

Bei der erwähnten Abfrage der juris-Datenbank wurden dort seit 1994 acht Entscheidungen zum Stichwort »Impfschaden« angegeben. 4 Urteile beschäftigten sich noch mit Impfschäden nach Pockenschutzimpfungen. In den anderen Verfahren ging es um Impfschäden nach einer FSME-, nach einer DT- sowie nach einer Polioschutzimpfung mit OPV. Im 8. Urteil wurde entschieden, daß ein Gesundheitsschaden nach einer Schutzimpfung im Ausland nicht unter den Aufopferungsanspruch des BSeuchG fällt.

Der Bundesgerichtshof hatte sich seit 1990 zweimal mit der Frage zu beschäftigen, ob ein Gesundheitsschaden nach einer Schutzimpfung durch eine richtige und ausreichende Aufklärung zu vermeiden gewesen wäre.

Das eine Mal ging es um eine Pertussisschutzimpfung, nach der ein Säugling zum lebenslangen Pflegefall wurde (so der wenig informative Text des Sachverhaltes). Beklagter war ein Landkreis (Gesundheitsamt), der sich in der Revisionsverhandlung damit verteidigte, daß bei öffentlichen »Massenimpfungen« eine Einzelaufklärung und körperliche Untersuchung nicht möglich sei. Die Schutzimpfung war 1981 erfolgt und damit in einer Zeit, in der die Schutzimpfung gegen Pertussis nicht allgemein öffentlich empfohlen war. Die Impfärztin hätte auf die (aus damaliger Sicht) besonderen Risiken einer Keuchhustenschutzimpfung hinweisen müssen (3).

Die 2. BGH-Entscheidung betrifft ebenfalls »Amtspflichten« bei Impfungen durch Gesundheitsämter (4). Ein nicht gegen Poliomyelitis geimpfter Erwachsener hatte einen frisch mit OPV geimpften Säugling betreut und war im zeitlichen Zusammenhang schwer an Kinderlähmung erkrankt. Daß sich der Kläger bei dem Säugling infiziert hatte und an einer Kontaktimpfpoliomyelitis erkrankte, war in dem Verfahren nicht streitig.

Die Entscheidung hierzu enthält richtungweisende Ausführungen, die in Auszügen wiedergegeben werden sollen:

»Auszugehen ist davon, daß Risikostatistiken für die Frage der Aufklärungspflicht grundsätzlich nur von geringem Wert sind. Bei der Unterrichtung über die Risiken eines beabsichtigten ärztlichen Eingriffes (Eingriffsaufklärung) ist auch über sehr seltene Risiken aufzuklären, wo sie, wenn sie sich verwirklichen, die Lebensführung schwer belasten und trotz ihrer Seltenheit für den Eingriff spezifisch, für den Laien aber überraschend sind.«

An anderer Stelle führt das Gericht aus: »Eine Belehrung über Risiken, die Kontaktpersonen des mit Lebendviren geimpften Säuglings erwachsen und über Vorsichtsmaßnahmen, die zur Vermeidung einer Ansteckung getroffen werden können, gehört zur sog. therapeutischen Beratung, zur Sicherheitsaufklärung.«

Die hier formulierten Grundsätze gelten selbstverständlich auch für den Geimpften. »Soweit erforderlich, muß der Arzt seinen Patienten im Hinblick auf dessen künftiges Verhalten aufklären, ihn also unterrichten und unterweisen, er muß alles in seinen Kräften stehende tun, um ihn vor Schaden zu bewahren« (4).

Was folgt hieraus? Impfwillige bzw. deren Sorgeberechtigte sind bei OPV auf die seltene Möglichkeit einer vakzineassoziierten Poliomyelitis hinzuweisen und darauf, daß ungeschützte (d. h. nicht vollständig geimpfte) Kontaktpersonen entweder gleichzeitig geimpft werden sollen oder die bekannten Regeln der Händehygiene (z. B. Schutzhandschuhe beim Wickeln, sorgfältiges Händewaschen nach Kontakt mit dem Impfling) eingehalten werden.

In einem Urteil des OLG Hamm hat das Gericht 1997 einen Frauenarzt zur Zahlung eines Schmerzensgeldes in Höhe von 300000 DM an ein behindertes Kind verurteilt, weil er die Mutter nur pauschal und nicht eindringlich genug über die Bedeutung der Rötelnschutzimpfung aufgeklärt hatte. In der Beweiserhebung wurde eindeutig festgestellt, daß sich die Mutter in der Frühschwangerschaft mit Rötelnvirus infiziert hatte.

Erfährt man von einem derartigen Urteil nur aus der Presse, dann verstärkt sich der Eindruck, die Rechtsprechung entscheide überzogen, arztfeindlich und weltfremd.

In diesem Zusammenhang ist eine Veröffentlichung von ZINKE (22) zu dem eben erwähnten Urteil ineressant. Hier wird dargestellt, daß genauere Mitteilungen über den Sachverhalt und zur Urteilsbegründung helfen können, derartige Verunsicherungen nicht entstehen zu lassen. Der Gynäkologe betreute die Patientin mindestens über 6 Jahre im Rahmen mehrfacher Fertilitätsbehandlungen. Sie gebar im Jahr 1985 ein gesundes Kind, 5 Jahre später erlitt sie eine Fehlgeburt. 1991 kam es unter einer Hormonbehandlung zu einer erneuten Schwangerschaft, in deren Verlauf ein rötliches, juckendes Exanthem auftrat. Frühere Rötelnantikörperbestimmungen waren alle negativ verlaufen, nach Auftreten des Exanthems wurde keine erneute Testung vorgenommen.

In der Urteilsbegründung des OLG Hamm dazu wird ausgeführt, daß der Arzt, der die Fertilitätsbehandlung durchführt, klar belegbar vor den Gefahren einer Rötelninfektion in der Schwangerschaft warnen und auf die Schutzimpfung hinweisen (notfalls hierzu – falls erforderlich – ein Streitgespräch führen) muß, und dies auch exakt zu dokumentieren hat. ZINKE hatte sich die Mühe gemacht, das Urteil anzufordern; nach seiner Ansicht ist die Entscheidung des Gerichts nachvollziehbar und im Ergebnis begründet.

Mit den erwähnten Gerichtsurteilen soll aufgezeigt werden, wie sich juristisch bedeutsame Aussagen für die ärztliche Praxis auf einfache Leitsätze reduzieren lassen.

1988 verunsicherte ein Urteil des Landgerichts Gießen vor allem die Kinderärzte. Ein Impfarzt war zur Zahlung von Schadensersatz und Schmerzensgeld verurteilt worden, weil ein Junge im engen zeitlichen Zusammenhang mit einer Mumpsschutzimpfung an einem insulinpflichtigen Diabetes mellitus erkrankt war. Auch bei dieser Auseinandersetzung wurde u. a. die Frage gestellt, ob eine derartige Komplikation nach Mumpsschutzimpfung bekannt sei und ob die Sorgeberechtigten hierüber aufzuklären waren.

Die Entscheidung des Gerichts war Gegenstand lang anhaltender Diskussionen auf Fortbildungstagungen usw. Vom rechtskräftigen Urteil des OLG Frankfurt, nach dem die Klage abzuweisen war (der BGH hatte eine Revision nicht zugelassen), wurde in der Fachöffentlichkeit kaum Notiz genommen.

Leider läßt sich keine Übersicht erstellen, wie oft beklagte Ärzte wegen eines Impfschadens zu Schadensersatz verurteilt wurden bzw. wie häufig eine derartige Klage abgewiesen wurde.

Aufklärung: medizinische und rechtliche Aspekte

»Auf hoher See und vor Gericht sind wir alle in Gottes Hand« – dieses oft angeführte Sprichwort skizziert zutreffend auch die Befindlichkeit von Ärzten im Hinblick auf die Unwägbarkeiten bei Zivilprozessen.

Veröffentlichungen zu diesem Thema in medizinischen Fachzeitschriften sind fast ausschließlich von Juristen verfaßt (5, 16, 18), in denen häufig nur die Problematik von Einzelfällen diskutiert wird und bei Erörterung der verschiedenen Aspekte der geforderten Aufklärung der Bezug zur ärztlichen Praxis fehlt. Immer wieder wird der rechtliche Aspekt betont; von ärztlicher Seite wird zu Recht eingewendet, daß die ausufernden Forderungen zur Aufklärung mit den Möglichkeiten und Gegebenheiten in einer ärztlichen Sprechstunde nicht mehr vereinbar sind (14).

Tatsächlich ist die Aufklärung vor ärztlichen Maßnahmen ein zentraler Bestandteil der ärztlichen Tätigkeit, in deren Mittelpunkt der informierte Patient steht. Der § 1a der Berufsordnung der deutschen Ärzteschaft lautet: »Der Arzt hat das Selbstbestimmungsrecht des Patienten zu achten. Zur Behandlung bedarf er der Einwilligung der Patienten. Der Einwilligung hat grundsätzlich die Aufklärung im persönlichen Gespräch vorauszugehen« (18).

Ärzte müssen akzeptieren, daß sie – wie alle Berufe – sowohl den allgemeinen als auch den bereichsspezifischen Rechtsvorschriften unterliegen. Der Patient unterzieht sich der ärztlichen Maßnahme, und der Arzt muß ihn darüber informieren, was mit ihm während der Behandlung geschehen wird oder danach geschehen kann.

In der jüngsten Entscheidung zu Impfschäden nach Poliolebendimpfungen hat der BGH nochmals hervorgehoben, daß die Aufklärung nicht auf jemand mit einem »durchschnittlichen Informationsbedarf« abstellen darf, sondern daß das individuelle Informationsbedürfnis des Impfwilligen festgestellt werden muß (8).

Diese Forderung bringt den Arzt bei einer evtl. gerichtlichen Auseinandersetzung in Schwierigkeiten. Hat er auf seltene mögliche Impfschäden nicht hingewiesen, wird der Kläger behaupten, daß er bei Kenntnis dieses Risikos keinesfalls in die Impfung eingewilligt hätte. Gerade bei Schutzimpfungen können derartige Einwände leicht vorgetragen werden, wenn man an den Katalog möglicher Nebenwirkungen in den Packungsbeilagen denkt.

Praxisalltag

Das Arzt-Patient-Verhältnis ist durch ein persönliches Vertrauen geprägt, dem Formblätter, Bestätigungen durch Unterschriften usw. eher fremd sind. Andererseits gehören der »Papierkrieg« und auch schriftliche Einverständniserklärungen vor Narkosen, Operationen oder sonstigen invasiven Eingriffen längst zum Alltag im Krankenhaus.

Offenbar tun sich vor allem Kinderärzte und Allgemeinärzte schwer, bei der Aufklärung vor Schutzimpfungen auf Merkblätter zurückzugreifen und sich das Einverständnis zur Impfung schriftlich bestätigen zu lassen. In den ersten beiden Lebensjahren sind im Impfkalender immerhin 3 Hepatitis-B-, 4 DTPa-Hib-, 3 Polioimpfungen und 1 MMR-Impfung vorgesehen.

Häufig lernen sich Arzt und Eltern, die einen Säugling oder ein Kleinkind zum Impfen vorstellen, erst bei diesem Termin kennen, und gleich sind mehrere Unterschriften auf verschiedenen Vordrucken zu leisten; diese Situation ist für das erwähnte Vertrauensverhältnis nicht förderlich.

Auf der anderen Seite ist aber nicht zu übersehen, daß sich die Haltung und auch die Ansprüche von Impfwilligen bzw. Patienten in den vergangenen Jahren deutlich verändert haben; die Rechtsprechung zu nicht ausreichender Aufklärung ist ein Hinweis auf diese Veränderungen. Die Reaktion einiger Ärzte auf dieses sich verändernde Arzt-Patient-Verhältnis, nämlich sich bei der Vornahme von Schutzimpfungen deutlich zurückzuhalten, ist aber für die Durchführung von Präventivmaßnahmen fatal.

Eingangs wurde dargestellt, daß die verschuldensunabhängige Haftung des Staates aufgrund öffentlicher Empfehlungen von Schutzimpfungen eine Sicherheit schafft, die z. B. in der gesamten operativen Medizin nicht gegeben ist. Unabhängig bleibt der zivilrechtliche Bereich, in dem das angeblich unterlassene oder unzureichende Aufklärungsgespräch bei ⅔ aller Azthaftungsprozesse Gegenstand der Klage ist (12).

Selbstverständlich verfolgen die impfenden Ärzte die Rechtsprechung und reagieren hierauf mit sorgfältigeren und längeren Aufklärungsgesprächen. Eine Folge ist aber offenbar, daß Impfwillige bzw. deren Sorgeberechtigte zunehmend verunsichert werden und im Zweifel Schutzimpfungen ablehnen (9).

Verwendung von Merkblättern

Da Schutzimpfungen vor allem im Säuglings- und Kleinkindalter häufige und nach dem Impfkalender der STIKO standardisierte Präventivmaßnahmen sind, bietet sich eine Grundinformation für alle Eltern durch Merkblätter an. Hier sind Inhalt und Verständlichkeit entscheidend, weil dann vor allem jüngeren Eltern bzw. Impfwilligen Grundkenntnisse angeboten werden, wonach ein vertiefendes Gespräch möglich ist.

Dieses Vorgehen wurde von Weissauer (21) als Stufenaufklärung bezeichnet und hat im Medizinrecht einen festen Platz. Aufgrund der Rechtsprechung sind die Eingriffs- und Sicherheitsaufklärung besonders wichtige Elemente, die in den Merkblättern entsprechende Beachtung finden.

1993 haben die Deutsche Vereinigung zur Bekämpfung der Viruskrankheiten e.V. und das Robert Koch-Institut ein Konzept fur solche Merkblätter erarbeitet, die danach für alle Schutzimpfungen mit Mono- und Kombinationsimpfstoffen vorgelegt wurden. Diese Merkblätter werden seit mehreren Jahren vom Deutschen Grünen Kreuz in Zusammenarbeit mit der Deutschen Vereinigung zur Bekämpfung der Viruskrankheiten e.V. und dem Robert Koch-Institut herausgegeben.

Sie sind wie folgt gegliedert:

1. Zunächst wird die Krankheit, die durch die Schutzimpfung verhütet werden soll, beschrieben und dargestellt, welche Bedeutung sie (z. B. durch ihre Ausbreitung in der Bevölkerung) für die Allgemeinheit hat (Ausnahmen: Tetanus und Rabies, die nicht von Mensch zu Mensch übertragbar sind). Diese objektive Darstellung der Krankheitsverläufe und der Komplikationen impfpräventabler Krankheiten ist erforderlich, da hierzu bei jüngeren Impfwilligen bzw. den Eltern kaum Kenntnisse vorhanden sind.

2. Um eine freie Entscheidung zu ermöglichen, werden anschließend evtl. vorhandene Behandlungsmöglichkeiten und ihre Grenzen bei der Krankheit erläutert. Erfahrungsgemäß ist dieser Punkt zur Information der Impfwilligen bzw. der Sorgeberechtigten besonders wichtig.

3. Der Zweck der Schutzimpfung für den Individualschutz und ihre Bedeutung für die Allgemeinheit werden verdeutlicht. Epidemiologische Gegebenheiten sind dem Laien häufig nicht bekannt, werden aber im Sinne einer sozialen Verantwortung durchaus akzeptiert.

4. Bei den Ausführungen zu Indikationsimpfungen werden außer der individuellen Bedrohung durch die zu verhütende Krankheit auch epidemiologische Auswirkungen bestimmter Schutzimpfungen erwähnt (z. B. Elimination der Krankheit).

5. Es wird ferner über den zu verwendenden Impfstoff informiert (z. B. Totimpfstoff, Toxoidimpfstoff, Lebendimpfstoff), über die Durchführung der Schutzimpfung und über das empfohlene Verhalten des Impflings nach der Impfung.

6. Der Impfling wird über häufig beobachtete Impfreaktionen (Lokalbeschwerden, vorübergehende Störungen des Allgemeinbefindens) aufgeklärt, da das Wissen um diese Impfreaktionen zur Beruhigung beiträgt.

7. Wesentlich ist die Aufklärung über Art und Häufigkeit von Impfkomplikationen (vorübergehende therapiebedürftige Erkrankungen) und über Impfschäden (bleibende Gesundheitsschäden).

8. Der Impfling bzw. die Sorgeberechtigten werden aufgefordert, beim Auftreten unklarer Krankheitssymptome sich umgehend mit dem impfenden Arzt in Verbindung zu setzen.

Strittig ist, ob vor einer Schutzimpfung die Packungsbeilage zum Impfstoff zur Lektüre an den Impfwilligen weitergegeben werden soll. Hier werden unter »Gegenanzeigen, Nebenwirkungen und Wechselwirkungen« alle jemals im zeitlichen Zusammenhang mit der jeweiligen Schutzimpfung beobachteten – vorübergehenden oder persistierenden – Ereignisse angegeben.

Diese Auflistung ist aus arzneimittelrechtlichen Gesichtspunkten und aus der Sicht des Impfstoffherstellers verständlich. Für zahlreiche Angaben liegen aber keine wissenschaftlichen Untersuchungen vor oder es fehlt der Beweis, daß die beschriebenen Erkrankungen nach Impfung auch tatsächlich Folge der Schutzimpfung waren.

Von vielen wird die kommentarlose Aushändigung der Packungsbeilage an den Impfwilligen deshalb mit dem Satz kommentiert: »Will ich jemanden von der Impfung abhalten, muß ich ihm nur die Pakkungsbeilage zu lesen geben.«

Dieses Vorgehen ist Teil der Sicherheitsaufklärung, die – um es zu wiederholen – nicht nur auf das Verhalten nach einer Schutzimpfung reduziert werden darf. Da in den genannten Merkblättern zur Aufklärung vor den verschiedenen Schutzimpfungen die jeweiligen Impfreaktionen, Nebenwirkungen und möglichen Impfschäden aufgeführt sind, wird der Leser hierüber informiert und kann gezielt nachfragen. Nach einem solchen Gespräch kann die Weitergabe des Beipackzettels an den Impfwilligen sinnvoll sein, wenn er dies wünscht.

Empfehlungen der Bundesärztekammer

Im April 1990 hat die Bundesärztekammer »Empfehlungen zur Patientenaufklärung« (1) veröffentlicht, die in der publizierten Rechtsprechung u. E. nicht hinreichend beachtet werden. Im Sinne des § 1a der Berufsordnung für die deutschen Ärzte wird dort auf das Patienteninteresse abgestellt, und die notwendigen einzelnen Schritte zur Aufklärung von Patienten bzw. Impfwilligen werden dargelegt. Diese Empfehlungen sollten in der Praxis jederzeit greifbar sein.

Allgemein wird empfohlen: »Aufzuklären ist über Anlaß, Dringlichkeit, Umfang, schwere typische Risiken, Art, Folgen und mögliche Nebenwirkungen.« Diese Empfehlungen der Bundesärztekammer sind eine gute Argumentationshilfe bei der Aufklärung des Impfwilligen, da hiernach über typische (d. h. gesicherte) Risiken der beabsichtigten Schutzimpfung aufzuklären ist (die Packungsbeilage geht hierüber hinaus).

Schwierig ist die Frage zu beantworten, wie »dringlich« eine Schutzimpfung zu dem in den Impfempfehlungen der STIKO genannten Zeitpunkt ist. Folgt man der Argumentation von BÜTIKOFER (5), so ist eine Diphtherieschutzimpfung hierzulande nicht dringlich, da die Wahrscheinlichkeit, sich in Deutschland mit Corynebacterium diphtheriae zu infizieren, gering ist. (Was geschieht, wenn man dieser Argumentation folgt, konnte zu Beginn der neunziger Jahre in Rußland und seinen Nachbarstaaten beobachtet werden.)

Auch wenn diese Frage in bisher publizierten Gerichtsentscheidungen nicht erörtert wurde, sollte u. E. jede Schutzimpfung nach den Impfempfehlungen der STIKO als dringlich (d. h. aktuell erforderlich) angesehen werden. Z. B. kann die Elimination der Masern nur gelingen, wenn möglichst viele Kinder im 2. Lebensjahr gegen Masern geimpft werden und ab dem 6. Lebensjahr eine Wiederimpfung erfolgt.

Säuglinge und Kleinkinder leiden häufig unter – nicht nur banalen – Infekten, so daß fällige Schutzimpfungen immer wieder verschoben werden. Deshalb ist die »Dringlichkeit« nicht im Sinne von »sofort« zu verstehen, sondern als Wahl des frühestmöglichen Termins (10).

Über die Verwendung von Merkblättern in Verbindung mit dem Aufklärungsgespräch stellt die Bundesärztekammer fest (1): »Die Aufklärung muß individuell in einem Gespräch mit dem Patienten erfolgen. Das Aufklärungsgespräch kann nicht durch ein Formular ersetzt werden. Formulare bereiten nur das Aufklärungsgespräch vor, sie können der Dokumentation des erfolgten Gesprächs dienen.«

Merkblätter sind also grundsätzlich ein taugliches Mittel, um Patienten bzw. Impfwilligen eine Basisinformation für das Aufklärungsgespräch zu geben und dieses damit auf eine vertretbare Dauer zu verkürzen.

Die Merkblätter über Schutzimpfungen enthalten ein abtrennbares Blatt, das in der Patientenakte aufbewahrt werden kann und in dem auf der Vorderseite die Frage gestellt wird, ob der Impfwillige gesund ist, ob Allergien bestehen oder ob nach früheren Schutzimpfungen allergische Reaktionen beobachtet wurden. Auf der Rückseite dieses abtrennbaren Blattes befindet sich die Einverständniserklärung zur geplanten Schutzimpfung.

Folgende Angaben sind anzukreuzen:

1. Ich habe keine weiteren Fragen.
2. Ich willige in die vorgeschlagene Schutzimpfung gegen ... ein.
3. Ich lehne die Impfung ab. Über mögliche Nachteile der Ablehnung dieser Impfung wurde ich informiert.

Zeitpunkt der Aufklärung

In den Empfehlungen der Bundesärztekammer wird ausgeführt, daß den Patienten eine »Überlegungsfrist« bleiben muß und kein Entscheidungsdruck erzeugt werden soll (1, 8). Da Schutzimpfungen geplante ärztliche Maßnahmen sind, können die verschiedenen Merkblätter den Impfwilligen bzw. ihren Sorgeberechtigten jeweils dann ausgehändigt werden, wenn die Schutzimpfung erstmals erwähnt wird.

Die Merkblätter im Wartezimmer auszulegen ist sicher nicht ausreichend; sie sollten individuell mit der Aufforderung ausgehändigt werden, sie sorgfältig zu lesen – in der Regel wenige Tage vor der geplanten Schutzimpfung.

Fremdsprachige Patienten

Aufklärung für Patienten, die der deutschen Sprache nicht oder kaum mächtig sind, ist für Ärzte ein alltägliches Problem. Mehrere Merkblätter in den häufigsten Sprachen ausländischer Mitbürger sind im Umlauf. Sofern sie nicht durch fach- und sprachkundige Personen gegengelesen sind, betritt man »juristisches Glatteis«, weil der verteilende Arzt nicht weiß, welche Meinungen und welche Aussagen ihm durch derartige Übersetzungen »in den Mund gelegt werden«. Außerdem werden diejenigen Mitbürger benachteiligt (und damit der Gleichbehandlungsgrundsatz verletzt), in deren Muttersprache kein derartiges Informationsblatt vorliegt.

Eine mündliche Aufklärung muß erst recht an Verständigungsschwierigkeiten scheitern. Wissen aber beide Parteien nicht, was der Inhalt der Aufklärung durch das fremdsprachige Informationsblatt ist, kann auch keine wirksame Zustimmung erteilt werden.

Es ist daher ratsam, fremdsprachigen Patienten auch ein deutschsprachiges Merkblatt auszuhändigen und sie aufzufordern, sich dieses von einer Person ihres Vertrauens übersetzen zu lassen und unterschrieben wieder mitzubringen. Obwohl der organisatorische Aufwand nicht unbedeutend ist, stellt dieses Verfahren doch nachvollziehbar sicher, worüber der impfende Arzt informiert hat und was der erklärte Wille des Patienten war.

Jedenfalls muß nicht der Arzt für den Dolmetscher sorgen; dies gehört in die Verantwortung des Patienten. Bestehen Zweifel, ob der Patient informiert ist, muß die Impfung unterbleiben.

Dokumentation der Aufklärung

Nach der Rechtsprechung (2) und nach den Empfehlungen der Bundesärztekammer (1) genügt es, wenn die wesentlichen Inhalte des Aufklärungsgesprächs dokumentiert werden (Karteikarte, PC). Bei Verwendung der beschriebenen Merkblätter sind lediglich Aufzeichnungen zu ergänzenden Fragen des Impfwilligen oder zur Ablehnung der Schutzimpfung erforderlich. Bei Rechtsstreitigkeiten ist neben den schriftlichen Aufzeichnungen auch der Zeugenbeweis durch eine Arzthelferin immer dann entscheidend, wenn sich die Angaben des Impflings auf solche Angaben beziehen, die nicht schriftlich fixiert wurden.

Schlußfolgerungen

Die bei ärztlichen Maßnahmen einmaligen Entschädigungsleistungen aufgrund des Bundes-Seuchengesetzes für Impfschäden beruhen auf der Feststellung, daß Impfungen nicht nur einen Schutz des Individuums vor zahlreichen übertragbaren Krankheiten, sondern auch einen Schutz der Allgemeinheit vor Seuchen bewirken, da der Geimpfte kein taugliches Glied einer Infektionskette ist. Um diesen Schutz der Allgemeinheit durch eine möglichst breite Anwendung der Schutzimpfungen zu erzielen, haftet der Staat bei sog. Impfschäden. Keine ärztliche Maßnahme – also auch keine Schutzimpfung – ist ohne jedes Risiko unerwünschter Nebenwirkungen (13).

Bei 2/3 aller Arzthaftungsprozesse trägt der Kläger vor, daß er in eine ärztliche Maßnahme nicht wirksam eingewilligt habe, da er nur unzureichend aufgeklärt wurde. Auch in verschiedenen Verfahren zu Impfschäden ging es zentral um die ärztliche Aufklärungspflicht.

Legt man zugrunde, daß ein Gespräch hierzu 5–20 Minuten in Anspruch nimmt und dennoch die Unsicherheit bleibt, ob der Patient über alles ausreichend informiert ist, bedarf es – angesichts des nicht kostendeckenden Honorars – eines standardisierten Verfahrens, das vor allem Ärzte in der Praxis in die Lage versetzt, mit vertretbarem zeitlichem Aufwand zu Schutzimpfungen zu informieren. Hierbei sind die in den Empfehlungen der Bundesärztekammer aufgestellten Grund- und Leitsätze der einschlägigen Urteile zu berücksichtigen.

Eine Stufenaufklärung durch Merkblatt und anschließendes Gespräch, in dem die individuell bedeutsamen Fragen erörtert werden können, ist ein praktikables Verfahren.

Zu dokumentieren ist das Aufklärungsgespräch nur in groben Zügen. Ob das Einverständnis durch Unterschrift beurkundet wird, sollte individuell entschieden werden; es wird wesentlich geprägt vom Vertrauensverhältnis zwischen Arzt und Impfwilligem bzw. seinem Sorgeberechtigten. Vor allem bei fremdsprachigen Impfwilligen ist darauf zu achten, daß die Merkblätter durch eine Person ihres Vertrauens übersetzt wurden und die Einwilligung dokumentiert ist.

Stand der Rechtsprechung ist, daß nicht über alle Risiken von Schutzimpfungen aufzuklären ist, allerdings müssen alle typischen und für den Impfwilligen schwerwiegenden Komplikationen und Impfschäden stets genannt werden.

Literatur

1. Bundesärztekammer: Empfehlungen zur Patientenaufklärung. Dt. Ärztebl. **87,** 1279–1283 (1990).

2. Bundesgerichtshof (BGH): MedR. 168 (1985).

3. Bundesgerichtshof (BGH): Urteil vom 15. 2. 1990: NJW 2311–2312 (1990).

4. Bundesgerichtshof (BGH): Urteil vom 7. 7. 1994: NJW 3012–3014 (1994).

5. BÜTIKOFER, J.: Aufklärungspflicht aus juristischer Sicht. Dt. Ärztebl. **94,** A 1794–1796 (1997).

6. FRANZ, K. u. K.-J. HANSEN: Aufklärung aus ärztlicher Sicht, 2. Aufl. Marseille, München 1997.

7. GEISS, K.: Arzthaftpflicht, 2. Aufl. Beck, München 1997.

8. GIESEN, R.: Aktuelle Probleme des Arzthaftungsrechts. MedR. 17–18 (1997).

9. GRITZ, K.: Impfmüde, wer eigentlich? Kinderarzt **22,** 769–771 (1991).

10. KERN, B.-R.: Die ärztliche Aufklärungs- und Behandlungspflicht. Der Arzt und sein Recht 1991, Heft 8, S. 6–11; 1991, Heft 9, S. 10–14.

11. KERN, B.-R.: Entschädigung von Impfschäden nach dem allgemeinen Versorgungsrecht. In: MAASS, G. (Hrsg.): Impfkomplikationen. Kilian, Marburg 1995.

12. KESSLER, H.: Haftungsrisiko für Ärzte. Aufklärungspllicht von zunehmender Bedeutung. Dt. Ärztebl. **94,** A 432 (1997).

13. MAASS, G., M. A. KOCH u. A. NASSAUER: Schutzimpfungen, mehrere Sachverhalte vermischt (Leserbrief). Dt. Ärztebl. **95,** A 4–5 (1998).

14. MÜLLER, T.: Auf Risikoaufklärung verzichten (Leserbrief). Dt. Ärztebl. **95,** A 5 (1998).

15. NASSAUER, A.: Die Zusammenarbeit der Schulen mit den jugendärztlichen Diensten. Prax. Naturw. (Biol.) **44,** 34–37 (1995).

16. RIEGER, H. J.: Nachweis erfolgter Patientenaufklärung durch den Arzt. Dt. med. Wschr. **122,** 1055–1056 (1997).

17. SCHUMACHER, W. u. E. MEYN: Bundes-Seuchengesetz, 4. Aufl. Deutscher Gemeindeverlag, Köln 1992.

18. SCHREIBER, H.-L.: Aufklärung, rechtlicher Zwang zur Wahrheit? Münch. med. Wschr. **138,** 424–426 (1996).

19. SOMMER, A.: Die ärztliche Aufklärungspflicht. Vers. med. **49,** 1–2 (1997).

20. Ständige Impfkommission am Robert Koch-Institut (STIKO): Impfempfehlungen (Stand: März 1997). Der Allgemeinarzt **10,** 836–838 (1997).

21. WEISSAUER, W.: Ärztliche Aufklärungspflicht aus rechtlicher Sicht. In: LAWIN, P. u. H. HUTH: Grenzen der Aufklärungs- und Behandlungspflicht. Thieme, Stuttgart 1982.

22. ZINKE, M.: Fehlende Röteln-Impfung, die wahren Gründe eines Gerichtsurteils. Kinderarzt **28,** 1089 (1997).

Autorenverzeichnis

DITTMANN, Prof. Dr. S.
Weltgesundheitsorganisation
Regionalbüro für Europa
8 Schervigsvej
DK-2100 Kopenhagen

ISENBERG, Dr. H.
Darmstädter Kinderkliniken
Prinzessin Margaret
Dieburger Straße 31
64287 Darmstadt

MAASS, Prof. Dr. G.
Brucknerstraße 5
48165 Münster

NASSAUER, Dr. A.
Abteilung für Infektionskrankheiten, Fg 14
Robert Koch-Institut
Stresemannstraße 90–102
10963 Berlin

SCHMITT, Prof. Dr. H.-J.
Pädiatrische Infektiologie
Universitäts-Kinderklinik
Schwanenweg 20
24105 Kiel

SITZMANN, Prof. Dr. F. C.
Klinik für Kinder- und Jugendmedizin
der Universität des Saarlandes
66421 Homburg/Saar

Ständige Impfkommission
(bisheriger Vorsitzender: Prof. Dr. M. KOCH)
am Robert Koch-Institut
Bundesinstitut für Infektionskrankheiten
und nicht übertragbare Krankheiten
Nordufer 20
13353 Berlin

STÜCK, Prof. Dr. B.
Schulenburgring 126
12101 Berlin

Sachverzeichnis